ANDRÉ BONET

Orar 15 dias com
SANTA RITA

SANTUÁRIO

DIREÇÃO EDITORIAL:
Pe. Marcelo C. Araújo, C.Ss.R.

COPIDESQUE:
Luana Galvão

COORDENAÇÃO EDITORIAL:
Ana Lúcia de Castro Leite

REVISÃO:
Leila Cristina Dinis Fernandes

TRADUÇÃO:
Tiago José Risi Leme

DIAGRAMAÇÃO E CAPA:
Bruno Olivoto

Título original: *Prier 15 jours avec Sainte Rita*
© Nouvelle Cité 2012
Domaine d'Arny

91680 Bruyères-le-Châtel

Dados Internacionais de Catalogação na Publicação (CIP)
(Câmara Brasileira do Livro, SP, Brasil)

Bonet, André
  Orar 15 dias com Santa Rita / André Bonet; tradução Tiago José Risi Leme.
- Aparecida, SP: Editora Santuário, 2014. - (Coleção orar 15 dias com; 27)

  Título original: Prier 15 jours avec Sainte Rita.
  ISBN 978-85-369-0341-5

  1. Orações 2. Rita de Cássia, Santa, 1381-1457 I. Título. II. Série.

14-02848   CDD-242.2

Índices para catálogo sistemático:
1. Orações: Vida cristã: Cristianismo 242.2

2ª impressão

Todos os direitos em língua portuguesa
reservados à **EDITORA SANTUÁRIO** – 2023

Rua Pe. Claro Monteiro, 342 – 12570-045 – Aparecida-SP
Tel.: 12 3104-2000 – Televendas: 0800 - 0 16 00 04
www.editorasantuario.com.br
vendas@editorasantuario.com.br

Em memória de meu irmão Jean, que gostava tanto de Santa Rita, de Yves Klein e Claire Danoy.

A minha doce mãe Rosário e a Dolorès Riba-Bugeda.

A Charles Aznavour, que nasceu em 22 de maio, e Pierre Cornette de Saint-Cyr.

A François Bugeda, Alain Radondy, Aline e Gérard Freixinos.

A Gisèle Pacull, cujo conhecimento da Bíblia me acompanhou durante esta nova incursão na vida de Santa Rita.

Ao padre Abdo Bou Daher.

À Providência, que me indicou o caminho que conduz a Santa Rita.

"Era uma desconhecida jovenzinha dessa Terra que, no calor do ambiente familiar, aprendera o hábito à tenra piedade para com o Criador na visão, que já é um ensinamento, do sugestivo cenário dos Apeninos."

João Paulo II

UM OLHAR SOBRE A VIDA DE SANTA RITA

Santa Rita viveu na segunda metade do século XIV e primeira metade do século XV. Nasceu em 1381, em Roccaporena (não se sabe bem a data exata), um vilarejo aninhado ao fundo de um círculo cercado de montanhas, situado a cinco quilômetros de Cássia, onde morreu, em 22 de maio de 1457.

Cássia, localizada a 563 metros acima do nível do mar, faz parte da região da Úmbria e está próxima do rio Corno, no coração da Itália Central, a aproximadamente 150 quilômetros de Roma, entre a Toscana, as Marcas[1] e o Lácio. Cortada pela cordilheira dos Apeninos, essa região constitui um cenário de colinas e vales, riachos e lagoas. Como

---

[1] É uma região da Itália central com 1,5 milhão de habitantes e 9.692 km², cuja capital é Ancona. (N.E.)

grande parte das cidades da Úmbria, foi durante a Idade Média que Cássia teve seu período de maior esplendor. Na época em que Rita viveu, duas famílias se opunham: os Gibelinos, que reconheciam a autoridade do imperador, e os Guelfos, que estavam do lado do papa.

A cidade de Cássia estava ligada aos Estados pontifícios, mas gozava de certa autonomia e de condições especiais, que faziam dela uma República independente e livre.

O poder legislativo era exercido por cidadãos de Cássia: cônsules, conselheiros, peritos, juízes. Soldados compunham a guarda civil. Quando se atentava contra a honra, por um assassinato, uma disputa, a *vendetta* (vingança) era logo despertada... Ela se estendia a toda a família do ofensor e do ofendido... Como bons "servidores de Deus", os pais de Rita, Antônio Mancini (que era de Roccaporena) e Amata Ferri (de Fogliano), pertenciam às famílias que desempenhavam a pesada tarefa de pacificadores, que a cidade havia criado com o nome de Portadores da Paz de Jesus Cristo, e cuja missão era atuar como intermediários e regular os litígios entre duas facções inimigas.

Rita, diminutivo de Margarida (pérola, em grego), nasceu num contexto religioso, particularmente atribulado e desastroso, do grande Cisma do Ocidente. Três anos antes de seu nascimento, em 9 de abril de 1378, foi entronizado em Roma o arcebispo de Bari, Bartolomeu Prignano, novo papa, coroado com o nome de Urbano VI. Mas no mesmo ano os cardeais franceses nomearam um antipapa. O cardeal Roberto de Genebra foi eleito papa em Fondi, durante o verão de 1378, recebendo o nome de Clemente VII. Ele fugiu da Itália e se estabeleceu em Avignon, em 20 de junho de 1379, quando a Igreja passou a ter dois líderes.

Episódios marcantes de santidade pontuaram a vida de Rita, mas serão necessários 545 anos, ou seja, em 22 de março de 2002, exatamente, para que a festa de Santa Rita, "mãe de família e religiosa agostiniana", seja inscrita no calendário da Igreja universal.

Pouco após seu batismo, na igreja de Santa Maria della Plebe, seus pais foram surpreendidos com abelhas no rosto da criança, que foi "salva" por um aldeão. Essa será a primeira manifestação da Divina Providência em favor de Rita.

Sua juventude transcorreu na tranquilidade do ambiente familiar, onde ela cresceu em sabedoria e humildade. Ela frequentava a igreja de Santo Agostinho. Aos nove anos, Rita já tinha a preocupação de ganhar o Céu. Ela fugia de casa durante a noite para subir um imenso rochedo próximo, o Scoglio, erguido como uma escada da terra ao Céu.

Numa época em que as meninas eram iletradas, ela aprendeu a ler, familiarizando-se com as Sagradas Escrituras.

Que futuro esperava por Rita? Essa era uma grande preocupação para seus velhos pais. Quando contava dezesseis anos, a filha, cuja vocação religiosa já estava definida para si, não se recusou, por obediência aos pais, ao casamento arranjado com um desconhecido, Paulo Ferdinando Mancini. Ela aceitou submeter-se à vida conjugal, contra seu desejo de castidade. Suportou com paciência a brutalidade do marido, a quem, em virtude de sua amabilidade e persuasão, conseguiu conduzir a Deus. Tiveram dois filhos gêmeos, Tiago Antônio e Paulo Maria.

Tristezas e dramas foram propagando-se na vida de Rita: a morte dos pais; o assassinato do marido; em seguida, a morte súbita dos dois filhos, levados pela doença.

Viúva e só, entrou por volta de 1413 no mosteiro agostiniano de Santa Maria Madalena, em Cássia (hoje chamado mosteiro de Santa Rita), vestindo o hábito sagrado das Filhas de Santo Agostinho. Viveu aí por mais de quarenta anos, com o coração repleto de amor a Deus. Nos últimos quinze anos, carregou em sua testa os estigmas de seu Amor, um dos espinhos da coroa de Cristo, associando-se assim, intimamente, a sua Paixão redentora.

Foram exatamente a humildade e a renúncia que caracterizaram sua vida, e ela provou-as padecendo a mais íntima das dores da esposa, da mãe e da mulher mortificada.

É impossível, em nossos dias, ir a Cássia sem aderir completamente ao fervor intenso que marca a devoção a essa santa, beatificada em 1627 por Urbano VIII, cujo secretário particular, o cardeal Fausto Poli, impulsionou o culto a ela. Foi preciso esperar ainda perto de três séculos para que Rita fosse elevada ao número dos santos, pelo papa Leão XIII, em 24 de maio de 1900.

Em 22 de maio de 2000, para o primeiro centenário de sua canonização, João Paulo II acolheu em Roma as peregrinações dos devotos de Santa Rita. Milhares de rosas e uma multidão imensa vinda do mundo inteiro invadiram a praça de São Pedro.

A séculos de distância, o segredo da força de Rita é nos impulsionar a ouvir a voz que nasce do fundo de nós mesmos e fazer renascer a esperança em nossos corações comovidos pelo exemplo de sua vida.

INTRODUÇÃO

Santa Rita é uma das santas mais veneradas entre milhões de católicos. Padroeira das "causas impossíveis" e dos "casos desesperados", milhares de lugares de culto espalhados pelo mundo recebem os fiéis que vão implorar sua intercessão.

Esposas, mães e religiosas, todas as suas semelhantes podem identificar-se com ela. Sua alma foi nutrida pela presença de Cristo desde o berço. Esforçou-se para amá-lo fielmente, de todo o coração, qualquer que fosse o preço. Podemos fazer uma ideia mais acertada da penetração do mistério dos sofrimentos da Paixão de Cristo em sua vida seguindo seus passos, comparando nossas fraquezas às dela, nossas imperfeições, dúvidas, temores, inseguranças, sofrimentos.

Cada um de nós poderia ser confrontado, em sua vida, com experiências semelhantes às de Santa Rita. E foi assim que, no que me diz respeito, fui levado a suportar sofrimentos familiares muito intensos, como a morte de um irmão, trauma que me deixou por muito tempo desesperado e me distanciou de Deus. É verdade que as provações muitas vezes afastam os cristãos de sua fé e, pior ainda, provocam sua revolta. Embora compreensível, diante das tribulações da miserável condição humana, essa revolta resulta, de fato, de um desconhecimento da natureza profunda de Deus e de seus desígnios para a Criação.

A mão de Deus colocou um dia em meu caminho dois santos, que viveram em épocas diferentes, cujo testemunho, entretanto, interpelou-me e favoreceu meu retorno progressivo à vida espiritual: São João Maria Vianney e Santa Rita. O ponto de encontro entre nós é essa mesma paixão por Deus e pelas almas que sofrem no próprio corpo, são afligidas e, na maior parte das vezes, desprovidas. O profundo interesse relativo ao conhecimento de suas vidas me incitou a querer saber mais a seu respeito, de Ars-sur-Formans (França) a Roccaporena, para melhor penetrar a profundeza de sua fé e as realidades de seus respectivos percursos.

Desde a publicação de meu livro *Santa Rita, a graça de amar,*[2] em 2001, não posso contar o número de cartas, fotografias de igrejas dedicadas a Santa Rita ao redor do mundo, testemunhos recebidos e encontros extraordinários que a Santa de Cássia foi capaz de provocar!

Quantas graças! Charles Aznavour, o maior cantor da França, aquele de que mais gosto, que nasceu no dia da festa de Santa Rita, em 22 de maio de 1924, tornou-se desde então um amigo muito querido. Seu sócio Gérard Davoust, presidente da editora Raoul Breton, possibilitou-me encontrar seu amigo Claude Pascal, em Nice, a dois passos da igreja de Santa Rita. Claude Pascal era amigo de infância de Yves Klein, a quem eu posteriormente dedicaria uma biografia – *Yves Klein, o pintor do infinito.*[3] Foi por Yves Klein ter uma devoção particular por Santa Rita que me interessei por ele. Em 1961, o artista realizou um ex-voto que foi colocar anonimamente, em ação de graças por seu êxito futuro, aos pés do relicário da santa em Cássia. A obra utiliza as três cores prediletas

---

[2] Original: *Sainte Rite, la grâce d'aimer.*
[3] Original: *Yves Klein, le peintre de l'infini.*

de Klein: rosa, azul e dourado. Anos mais tarde, quando um tremor de terra prejudicou um afresco dourado da basílica, uma religiosa teve a ideia de utilizar o ouro desse ex-voto, e foi assim que a assinatura permitiu que se identificasse a autoria desse grande gênio da pintura. Num testamento-oração holográfico deixado no ex-voto, Yves Klein pedia a Santa Rita para "interceder junto de Deus, o Pai todo-poderoso, a fim de me conceder sempre, em nome do Filho, o Cristo Jesus, e em nome do Espírito Santo, e da Santíssima Virgem Maria, a graça de habitar minhas obras e que elas se tornem mais bonitas e, depois, também a graça de descobrir sempre coisas novas na arte, cada vez mais belas, ainda que, infelizmente, eu nem sempre seja digno de ser seu instrumento para construir e criar algo da Grande Beleza. Que tudo o que sair de mim seja belo. Assim seja" (YK).

O interesse que foi despertado em mim por Yves Klein me conduziu naturalmente ao encontro de um personagem extraordinário: Pierre Cornette de Saint-Cyr. O mais jubiloso dos agentes oficiais de leilões franceses, especialista em Yves Klein, também tem uma devoção profunda e sincera por

Santa Rita. Nessa época, recebi uma palavra simples e muito tocante de Mireille Mathieu: "Santa Rita é a santa que mais venero. Tive o privilégio de ir a Cássia".

É impossível recensear aqui todas as igrejas e santuários em honra a Santa Rita. No Líbano, para onde vou todos os anos, os cristãos do Oriente afluem às diferentes igrejas que têm seu nome: Santa Rita Sin el Fil, Santa Rita Monteverde, Santa Rita Jdeydeh el Meten, Santa Rita New Rawda... No Egito, rezei na igreja de Santa Rita de um bairro pobre de Alexandria. A igreja fica à disposição das mulheres muçulmanas que se reúnem, nas tardes de quinta-feira, para "rezar" à santa dos casos desesperados! Existe, assim, em cada canto distante do mundo, um caminho que leva a Santa Rita. Reza-se para ela em Goa, no Sul da Índia, na basílica do Bom Jesus, que se tornou célebre por abrigar o túmulo e os restos mortais de São Francisco Xavier, o santo padroeiro de Goa, cidade em que uma escola tem o nome de Santa Rita. Também na África, na América Latina, no mundo todo.

Entremos agora, através desses quinze dias com Santa Rita, num caminho de oração e recolhimento, ao encontro dessa mensageira de Deus que nos transmite sua força. Se Santa Rita é venerada ao redor do mundo, é exatamente porque sua fé viva constitui um recurso em casos de desespero, pobreza, enfermidade. Santa Rita permanece um exemplo de amor a Deus e aos homens. Esse Deus que jamais abandona seus fiéis e não deixa os justos sofrer.

SIGLAS

Processo

D.R.A. *Documentazione Ritania Antica*, processo canônico de 1626.

Livros

AA.SS. *Acta Sanctorum*, obra coletiva começada no século XVII e continuada pelos padres bolandistas, que reporta (relaciona) os testemunhos sobre as vidas dos santos (Antuérpia, 1643; Paris, Palmé, 1863-1870, t. V, p. 223-232.

P.A.T. Padre Agostino Trapè, *Le Message de sainte Rita,* Médiaspaul, 1994.

C.A. Carlo Alonzo, OSA, *Saggio bibliografico su santa Rita,* Cascia, 1978.

CSA Santo Agostinho, *Confissões,* livro II.

JL Jo Lemoine, *Sainte Rita si proche de nous,* Médiaspaul, 1997.

MM Marc Messier, *Pour mieux connaître sainte Rita,* excertos, revista mensal *Sainte-Rita,* Nice, 1977.

LDM Dom Louis De Marchi, *Vie de Sainte Rita de Cascia.*

WDS Willy de Spens, *Sainte Rita de Cascia,* Plon, 1960.

Cartas

LJPII Carta do beato João Paulo II ao venerável irmão Ottorino Pietro Alberti, arcebispo de Spoleto e bispo de Norcia, por ocasião do sexto centenário de nascimento de Santa Rita (10 de fevereiro de 1982, durante o quarto ano de seu pontificado).

MJPII Mensagem do Santo Padre João Paulo II por ocasião do primeiro centenário de canonização de Santa Rita (20 de maio de 2000).

Revue Sainte-Rita [Revista Santa Rita]

LN   Editoriais do padre Louis Normandin (ovm) igreja de Santa Rita (Nice, França), maio de 2010 (05-10).

AAR Boletim bimestral do Mosteiro agostiniano de Santa Rita de Cássia.

Primeiro dia

ABELHAS NO BERÇO

A bem-aventurada Rita estava em seu berço; cinco abelhas entraram em sua boca e dela saíram na presença de seus pais.

Essas palavras integram um quadro datando de 1480. Elas ilustram a prodigiosa tradição das abelhas no berço de Rita. A cena a representa perante seu pai e sua mãe, que se mantêm perto dela e a observam enquanto cinco abelhas entram e saem da boca da criança.

As abelhas evocam o labor de Rita, e o mel, a doçura de sua proximidade dos feridos de todos os tipos. Na época medieval, a simbologia das abelhas era muito utilizada. O alvéolo[4] é o modelo emblemático da vida monástica, em relação à perfeição hierárquica da organização social, conduzida por uma autoridade ao mesmo tempo única e soberana (MM).

---

[4] Cada uma das cavidades hexagonais da colmeia onde as abelhas depositam o mel e os ovos; cela, célula. Fonte: *Dicionário Houaiss da língua portuguesa*. (N.T.)

Com o nascimento de Rita, a "santa" casa do povoado de Roccaporena, modesta habitação de cascalho rosa do Schioppo, tornou-se modelo perfeito do lar cristão. Antônio e Amata Lotti, humildes e pacientes camponeses, associaram sua oração à de Cristo, em comunhão com os santos: "Deus nosso Pai, dai-nos participar desta divina prerrogativa que é vossa, de modo que possamos ver, na criatura que nos concedeis, um sinal mais vivo de vossa presença em nossa casa".

Seus pais ficaram doze anos sem filhos. Amavam-se ternamente: seu amor conjugal era um puro reflexo do amor de Cristo por sua Igreja da Úmbria. A Igreja não os beatificou, mas isso não muda nada, pois, para o Senhor, toda alma é preciosa e tem o mesmo valor a seus olhos.

No início, Amata sonhava em ter um filho, um menino "que pastoreasse as cabras nas sendas da montanha". Ter um filho representava para ela algo como uma riqueza material e psicológica. Ela sonhava com um rapaz forte e musculoso. Um filho valente e robusto, que mais tarde continuaria os trabalhos do pai e garantiria uma ajuda futura no tempo de sua velhice. Nesse desejo de maternidade, sonho e oração estavam unidos havia tempos.

Já em idade avançada, uma gravidez acabou colocando Amata em sério risco de morte. Dar à luz nessa época, por conta da falta de conhecimento, de higiene e da escassez de recursos de que se dispunha, era muito perigoso. Mas nenhum temor supersticioso jamais a perturbou. Pois como diz a Palavra de Cristo: "O Amor perfeito lança fora o medo".

E o medo foi definitivamente banido quando, numa noite de outono, enquanto rezava, ela subitamente ouviu a voz de um anjo que veio tranquilizá-la: "Nada tema, Amata; você vai dar à luz uma menina. Antônio e você a amarão ternamente! E o Senhor a amará ainda mais!". Depois o anjo acrescentou: "Você porá nessa criança o nome de Rita, em honra a Santa Margarida".

E assim foi! Depois da experiência delicada do parto, Amata ficou sã e salva! Rita, por sua vez, nasce para um destino determinado.

Pouco depois do batismo, numa manhã de verão, Antônio e Amata levam a filha para o campo, numa cesta de vime, colocando-a debaixo de um salgueiro. Eles deixam a criança no berço e partem para suas ocupações campesinas. Distraídos pelo trabalho, não percebem que o perigo espreita a criança.

Ela é instantaneamente cercada por um enxame de abelhas que voavam ao redor de seu rosto.

Curiosamente, os lábios pequeninos de Rita as atraem, como se fossem uma flor impregnada de delicioso néctar. E se ela pudesse se expressar naquele momento, ninguém duvida de que teria manifestado seu prazer ao contato das patinhas das abelhas a fazer-lhe cócegas, vindas colher o pólen de sua boca.

Abelhas brancas provenientes das margens do Corno giram acima da criança e penetram em sua boca. Quando uma tragédia poderia ter acontecido nesse momento, fica evidente que a proteção divina se manifesta na vida dessa criança desde o nascimento.

Conta-se num relato que um camponês, ferido num dos braços por um golpe de foice, ao ver a cena, precipitou-se sobre a criança para tentar espantar as abelhas. A distração foi bem-sucedida e os insetos incomodados desapareceram no céu.

Tendo ouvido gritos, os pais de Rita acorreram, constatando com admiração a cura milagrosa do ferimento daquele que saiu correndo ao socorro de sua garotinha. Sua generosidade e senso de responsabilidade lhe valeram experimentar o milagre da cura. Esse homem simples, não tendo a menor ideia da proteção divina de que gozava a menina, partiu sem disso se dar conta. Quanto aos pais da "pequena milagrosa", são confortados uma segunda vez em sua confiança e esperança em Deus.

Na história de Rita, nada indica o que posteriormente se passou na vida desse homem, nem o que ele pôde pensar da extraordinária experiência que teve. Uma coisa, porém, é certa: ele não foi parar ali por acaso e sua cura, esperamos, tenha-o levado a buscar Deus por toda a vida e a percorrer o caminho da conversão.

Que teria acontecido com Rita se ela tivesse sido picada no rosto, na cabeça ou na boca? Uma única picada de abelha pode ser mortal se a criança não for medicada a tempo. Em seu caso, as picadas poderiam ter provocado sufocação, obstruindo as vias respiratórias e causando a morte por asfixia.

Com Santa Rita, meditemos, a partir desse episódio de sua vida, sobre a incomensurável fidelidade de Deus, sobre a proteção que Ele nos dá a experimentar nas circunstâncias mais perigosas de nossa vida. Só a Providência, que havia separado Rita desde o nascimento, poderia realizar igual milagre.

Os pais de Rita, evidentemente, ficaram comovidos perante essa manifestação da glória de Deus em favor de sua filha e compreenderam que seu destino, guiado pela mão do Onipotente, seria diferente.

Ao veneno por vezes mortal inoculado pelos insetos, o Senhor substitui as virtudes benfazejas do mel.

Assim como o Eterno conduziu seu povo à terra onde correm leite e mel – "Ele nos trouxe a este lugar, deu-nos esta terra, uma terra onde mana leite e mel" (Dt 26,9) –, observa-se que os pais da pequena milagrosa foram profundamente abençoados pelas maravilhas dos néctares divinos, cuja abundância se manifestou no lugar da ação maléfica do veneno dos insetos.

Na aurora de sua vida, é maravilhoso constatar que, tanto quanto está escrito na Palavra de Deus, no Salmo 91,11-12[5] – "Pois ele dará ordem a seus anjos para te guardarem em todos os teus passos. Em suas mãos te levarão para que teu pé não tropece nalguma pedra" –, também Rita é preservada dos perigos da existência e recebe como herança a doçura (do mel), virtude cristã que manifestará por toda a vida, mesmo quando for confrontada aos mais intensos sofrimentos que terá de experimentar, virtude que ela praticará também em relação aos pobres e abandonados.

---

[5] As citações dos Salmos serão extraídas da Bíblia Sagrada de Aparecida.

Segundo dia

O ROCHEDO DA ORAÇÃO

Roccaporena abriga a casa natal de Santa Rita, cuja janela principal dá para o "Scoglio", um rochedo escarpado que domina o povoado e que foi o lugar solitário onde ela gostava de se retirar para orar e meditar (LN 05-10).

No ano de 1390, Rita está com nove anos. Desde sua mais tenra idade, o chamado de Deus se fez ouvir em seu coração. Ela costumava encantar seus pais e as pessoas mais próximas com seu interesse e compreensão das coisas divinas. Ela parecia querer renunciar às atividades de sua idade para se dedicar a Cristo, a quem fez a promessa de oferecer seu coração e de dá-lo sem restrições nem divisão.

Essa é a época de suas primeiras "fugas". Ela adquire o hábito de sair durante a noite, às escondidas. A menina deixa a casa paterna e corre para um rochedo, o Scoglio, *lo Scoglio della Preghiera* (o rochedo da oração), que se eleva a uma altitude de 827 metros e 120 metros acima do nível de Roccaporena. No alto dele, uma capela foi erigida, em 1929, e depois restaurada e ampliada, em 1941. Parcialmente destruída por um tremor de terra, em 1979, ela foi reconstruída e ampliada em 1981. Ali se encontra a grande pedra, de vários metros de comprimento, sobre a qual Rita vinha rezar.

A tradição relata que Rita "teria deixado nela as marcas de seus joelhos e cotovelos". Foi desse lugar que ela teria sido transportada, como veremos mais adiante, ao mosteiro de Santa Maria Madalena, em Cássia, por seus três santos protetores: São João Batista, Santo Agostinho e São Nicolau de Tolentino.

Mas voltemos às "fugas" noturnas de Rita. Tendo chegado a hora da noite tão esperada, a menina se evade do lar e corre pelas ruelas desertas do vilarejo até o pé de seu rochedo. É preciso contar pelo menos vinte minutos para chegar ao cume. Ela não precisa de ninguém para ajudá-la a subir. Ela se guia apoiando-se a um muro, uma árvore ou uma pedra. À medida que vai subindo na escuridão, o perigo a espreita. Mas ela conhece cada atalho, cada armadilha, cada barranco. Chegando ao alto de seu rochedo celestial, ela agradece a Deus e se deixa invadir, na noite estrelada, pela presença Daquele a quem veio encontrar.

Às vezes, ela permanece até tarde da noite sobre a grande pedra, assentada como um altar no ápice do rochedo, ora de joelhos, ora de pé, com os olhos bem abertos e as mãos erguidas ao céu. Os perfumes e ruídos que surgem já lhe são bem familiares. Sobre o plano espiritual, a noite consente em lhe ensinar muito mais que as atividades do dia.

Para ela, não há nenhuma dúvida de que Deus está lá. Na ingenuidade de sua fé infantil, ela não sente nenhum medo e se abandona completamente à presença divina. Como diz o Salmista: "Não temerás os terrores da noite nem a flecha que voa de dia..." (Sl 91,5-15).

Temos a faculdade de estabelecer uma relação íntima com Deus por meio de nossa fé, pois está escrito que "sem a fé é impossível ser agradável a Deus". E foi isso que nossa querida Rita fez desde menina, inspirada pela graça divina que sobressai do Salmo 18,3: "Javé, meu rochedo, minha fortaleza, meu libertador; meu Deus, minha rocha, na qual me refugio; meu escudo e minha poderosa salvação, meu baluarte".

O próprio Jesus subia a montanha para orar e buscar a vontade do Pai, conforme o versículo de João (5,19): "o Filho, por si mesmo, nada pode fazer, a não ser aquilo que ele vê o Pai fazer. Tudo o que este faz, o Filho o faz igualmente".[6] Jesus Cristo orava durante a noite... Em certas circunstâncias, a noite toda, para que pudesse permanecer só e não fosse incomodado em sua comunhão com Deus: "Naqueles dias, Jesus foi à montanha para rezar e passou toda a noite em oração a Deus" (Lc 6,12).

Assim, em sua noite estrelada, Rita tateia e busca a presença do Senhor, sobre o qual ouviu falar com frequência na igreja de Roccaporena e no mosteiro de Cássia. Há algo de maravilhoso na busca de Deus e Rita abriu muito cedo seu coração a esse mistério. De alma simples, seus pais lhe ensinaram a meditação da Paixão do Redentor. Como para eles, seu único "livro" é o Cristo!

Na noite silenciosa, ela escapa e toma o caminho tortuoso que a leva ao cume do rochedo, para

---

[6] Todas as citações bíblicas, inclusive as dos Salmos, foram extraídas da *Bíblia Sagrada de Aparecida,* Aparecida: Editora Santuário, 2006. (N.E.)

encontrar seu bem-amado. Em sua subida, ela percebe barulhos inquietantes, que em nada interrompem sua corrida até ele.

Rita sente a necessidade de orar não apenas durante o dia, em seu pequeno quarto transformado por ela em oratório, mas também na pequena capela que ela mesma edificou, no fundo do jardim, com o auxílio de ramagens. O que ela aprecia mais que tudo é fazer a escalada do rochedo durante a noite, para se aproximar ainda mais daquele que constitui sua única preocupação nessa capela a céu aberto.

Se seus pais não ficam preocupados quando ela ora no jardim, isso seria diferente se eles soubessem de suas saídas noturnas, que os incitaria a privá-la dessa faculdade de exercitar-se na oração e de se aprofundar na graça de Deus. A fim de poupá-los, ela evita confessar-lhes suas fugas para esse lugar elevado, retirado e extremamente solitário.

Por que Rita sente a necessidade de se levantar no meio da noite para rezar? Santo Hipólito de Roma (aproximadamente 235), sacerdote e mártir, dá-nos uma luz:

Reza antes que teu corpo adormeça na cama. E depois, pelo meio da noite, levanta-te, lava tuas mãos com água e ora. [...] Não sejas preguiçoso para a oração... É preciso orar a essa hora, pois os antigos, de quem recebemos essa tradição, ensinaram-nos que, a essa hora, toda a criação repousa um momento para louvar o Senhor. As estrelas, as árvores e as águas param um instante, e toda a multidão dos anjos que o serve louva a Deus a essa hora com as almas dos justos.

Não se diz que a manhã é reservada à ação e o crepúsculo à meditação?

Essa subida noturna, quando tudo está quieto, é uma fidelidade que Rita quer oferecer a Deus. A noite é propícia ao silêncio, à escuta, ao apaziguamento dos barulhos do dia. É nesse momento que ela pode comungar com muito mais facilidade e experimentar sua paz, "que ultrapassa toda inteligência". Essa adoração a Deus fortaleceu sua fé a ponto de ajudá-la a suportar as duras provas que a esperam no futuro. Como se ela já tivesse consciência disso.

Como explicar o mistério dessa consciência precoce, de uma criança tão nova em relação a sua eleição divina, se não pela ação do Espírito Santo em seu coração? Sua rocha é o Cristo, junto ao qual encontra toda a inspiração e a força que lhe são necessárias. É no retiro no alto da montanha que ela procurará a tranquilidade do espírito e do coração nos inúmeros momentos de tempestades e turbulências que terá de atravessar ao longo de sua existência.

Terceiro dia

UM CASAMENTO FORÇADO

Não penso tanto em me casar e entraria de bom grado no convento de Cássia (C.A., p. 31).

Deus tem um desígnio divino para Rita. Parece-nos que ela é muito jovem para ser sua mensageira, mas os planos de Deus para seus eleitos são bastante secretos, como está escrito: "o que o olho não viu, nem o ouvido ouviu, nem jamais subiu ao coração do homem, é o que Deus preparou para aqueles que o amam" (1Cor 2,9).

Aos dezesseis anos, quando questionada sobre o casamento, Rita tem apenas uma resposta: tornar-se religiosa. "Quero ser um modelo para as moças de Roccaporena!", ela disse. Ela se pôs a serviço das crianças, dos pobres, dos doentes, dos infelizes. Desde muito jovem, nos dias de festa, seu pai a conduzia a Cássia. Era belo atravessar o vale do Corno, com seus bosques de carvalho, seus pinheiros e suas vinhas cultivadas na superfície das colinas.

A procissão de *Corpus Christi*, difundida por toda a Europa a partir do século XIV, é uma das festas religiosas de que Rita mais gostava. Em Cássia, todas as famílias cristãs tomavam parte nela, ao lado das autoridades civis e religiosas.

Por sua participação nessas cerimônias, Rita manifesta, sobretudo, seu orgulho de se reconhecer membro da Igreja. Seus pais lhe ensinaram a oração como uma realidade viva, e foi dessa realidade que germinou nela o desejo profundo pela vida religiosa.

Quando se preparava para confiar a seus pais já idosos seu projeto de vida monástica, Rita descobre com surpresa que eles, sem que ela soubesse, por sua vez, preocupam-se em arranjar-lhe um esposo! Seus pensamentos parecem muito distantes dos planos divinos para a filha. Pobre Rita: o que Deus prepara para seus filhos está raramente em harmonia com o que fazem os homens.

Ao retornar de uma visita que acabara de fazer aos doentes, Rita encontra seu pai de conversa com um desconhecido, na entrada da casa da família. Um rapaz de aproximadamente vinte anos, descrito nos arquivos de Cássia "como um aventureiro, militar, empreendedor, atacadista de comércio alimentar, cuja família possui terras e um moinho".

Persuasivo e astuto, Paulo Ferdinando Mancini – esse era seu nome – cai nas graças do pai de Rita, que encontra nele todas as qualidades para ser um bom marido. Que ingenuidade! Na realidade, esse pretendente, ao contrário, é descrito como imoral e violento, sem fé nem lei, capaz de fazer um escândalo se Rita e seus pais se opusessem ao casamento.

Pode-se imaginar a consternação da pobre moça ao ver-se inconscientemente lançada em tal armadilha. Entretanto, uma voz interior a orienta a não resistir. Ela encontra força e coragem para aceitar o matrimônio com esse Paulo Ferdinando, imposto por seus pais, e guarda suas dores para si. Ela põe sua total confiança no Senhor, mantendo seu coração e ações em sintonia com as verdades que lhe ensina a Palavra de Deus. Como agir de outro modo? Está escrito: "Bendito o homem que confia em Javé e cuja confiança é Javé. Ele é como árvore plantada à beira d'água, que estende para o riacho suas raízes; não teme quando vem o calor, suas folhas permanecem verdes; no ano da seca não se inquieta, nem deixa de dar frutos" (Jr 17,7-8).

O casamento é finalmente celebrado em 1399. Então começa uma vida nova. Rita viverá durante dezoito anos com seu marido, na *Casa Mancini*, hoje transformada em capela.

A trégua do casamento é de curta duração. É difícil livrar-se totalmente de tendências habituais ou tentar dissimulá-las.[7] Paulo Ferdinando logo retoma seus hábitos libertinos. Percorre festas e tabernas e recai em seus vícios. O marido infiel então se torna violento. Insultos e agressões são a porção diária de sua pobre esposa.

Em relação à vida desse transviado, não se pode deixar de pensar na confissão de Santo Agostinho:

> Encontrava meu maior prazer em amar e ser amado. Os vapores grosseiros e impuros, que se elevavam da lama e do limo de minha carne e das fervuras de minha juventude, obscureciam meu coração e o ofuscavam, de tal modo que ele não podia discernir a serenidade pura e resplandecente de uma afeição legítima das imagens tenebrosas de um amor infame.

Que teria feito uma mulher de hoje com um marido assim, após alguns meses de inferno, senão

---

[7] Este é o sentido do ditado citado no original *"Chassez le naturel, il revient au galop"*. (N.E.)

pedir o divórcio? Evidentemente, Santa Rita era submissa à vontade do Senhor. Ela estava de tal modo preenchida pelo amor de Deus e do próximo, por isso, foi capaz de aceitar esse calvário.

Maltratada e injuriada, Rita sofre em silêncio. Com sua coragem, a mulher de Deus anuncia a todas as mulheres o Evangelho de fidelidade ao cônjuge, qualquer que seja o preço. Deus tem um plano sagrado para ela, e a cruz de seu marido faz parte dele. Rita sabe disso, movida pelo espírito de sacrifício e obediência de Jesus Cristo. Ela não é a dona de casa que leva uma vida tranquila e feliz, amparada por um marido exemplar. Sua prioridade é cumprir a vontade perfeita de Deus e sofrer por ele. Ela aceita sua condição de coração aberto: "Ao mundo eu digo não e carrego minha cruz. Ao mundo digo não e aceito a cruz". Essa é sua única prioridade.

Rita entrega-se ao serviço da Igreja de Roccaporena. Dá de seu tempo a ajudar aqueles que estão em necessidade e na tribulação e ensina o que sabe de Deus às mulheres mais jovens. Ensina-lhes a paciência, o amor, o espírito de sacrifício. Ensina-lhes também a generosidade.

O Onipotente lhe concede toda a fé e sabedoria necessárias para escolher bem suas prioridades.

É sempre no alto de seu rochedo que, durante subidas diurnas, agora em comunhão com seu Deus, que a jovem esposa encontra a força necessária para tudo aceitar.

Por meio desse episódio tão doloroso e devastador de sua existência, Rita envia uma mensagem às mulheres de todas as idades e de todas as condições. Nos dias atuais, a mulher agredida, vítima de violência doméstica, que ora a Santa Rita, procura junto a ela compreensão, compaixão e respeito. Precisa-se sempre do respeito dos semelhantes quando confrontados com a solidão, violência, humilhação e mesmo o risco de sua vida. O fato de refugiar-se junto a Santa Rita dá à mulher humilhada o conforto diante de sua condição, a segurança diante dos perigos de morte e a esperança de uma vida melhor.

Está escrito: "Deus não permite que sejamos tentados além de nossas forças". Assim, para a mulher mortificada e desesperada, é importante referir-se ao testemunho de nossa santa e voltar-se para Deus, cuja porta está sempre aberta, para nos socorrer na aflição. Rita, cuja causa parecia perdida sob a influência de um marido indigno, foi libertada, como veremos, quando do assassinato dele.

Quarto dia

RITA DÁ A VIDA

É um menino! E eis o segundo! (Paulo Ferdinando, durante o parto de sua esposa Rita, D.R.P. II,22).

Rita, que não queria casar-se, mas viver como religiosa, vai, contudo, fazer de tudo para salvar a vida conjugal, apesar das atitudes violentas do marido. Não há casal sem crise, pensa, e seu marido terminará por "capitular".

Em seu combate diário, a Virgem Maria é sua educadora. Rita se pôs, desde muito pequena, na escola de Maria, confiando-lhe seus sofrimentos e suas dificuldades, encontrando nela a força necessária para suportar os ataques de seu marido. Maria jamais a abandonará. Ela é o exemplo mais perfeito para seguir em seu desejo de imitar o Cristo. Rita se confia sempre a Jesus e Maria, pois sabe que, haja o que houver, ela sempre a amparará em seu amor.

Na tempestade, Rita sabe que nenhuma mulher está a salvo do comportamento indigno do marido, ainda que, com frequência, nada permita perceber o drama vivido na intimidade conjugal. Quantos casamentos, vistos de fora, parecem perfeitos, exemplares, dando a impressão de que tudo vai bem, quando, na verdade, do lado de dentro, tudo são guerras, dissensões, gritos, violências e humilhações?

Perguntemos a nós mesmos, neste momento: de que sofrem os casais de hoje? Ao contrário da época de Rita, em que raramente se casava por amor, mas, na maior parte das vezes, após um acordo firmado entre duas famílias, em nossos dias a pedra de tropeço é, com frequência, a imaturidade patente da juventude, completamente desprovida de espiritualidade. O casamento não se reveste mais do mesmo valor de antigamente, está cada vez mais fadado ao fracasso.

É preciso dizer que, em nossa época, que revela uma insatisfação e uma frustração profundas no indivíduo, são cada vez mais raras as celebrações de bodas de ouro (só para dar um exemplo!), já que se tornaram tão comuns entre os casais as brigas, as incompreensões e a incomunicabilidade, que aos poucos vão minando as relações entre esposos e acabam favorecendo os divórcios. Não se pode considerar também que, em nome do sacrossanto princípio de liberdade dos costumes (contracepção, união livre, liberdade sexual dentro da vida de casal...) e da necessidade desenfreada de consumir, somente os casais que têm fé em Deus podem resistir a todas as armadilhas nas quais costumam cair os fracos e os incrédulos?

No que diz respeito à vida de Santa Rita, alguns anos após seu casamento, ela ficou grávida. A vizinhança pensava que ela não sobreviveria à gestação, por conta da violência física e moral de todos os dias que Paulo Ferdinando praticava contra ela. Seus velhos pais foram encontrar-se com Deus no céu, um pouco depois do outro. Antes de morrer, seu pai deve ter-se arrependido amargamente de tê-la obrigada a se casar, quando ela já acalentava diante de Deus o desejo de consagrar-lhe a vida. Como muitos pais, e principalmente aqueles em idade avançada, ele deve ter pensado que estava fazendo a coisa certa ao seguir as tradições da época, ou seja, ao empurrar a filha para o casamento, com aquele que parecia a seus olhos um bom partido. A realidade, porém, foi bem diferente. E Rita, como cada um de nós, tinha um plano de vida concebido por Deus.

Rita é fisicamente indefesa, pequena e franzina diante desse homem forte e violento que é seu marido. Em seu calvário, ela não deseja ter ajuda de ninguém. Diante do modo violento com que ele a trata, ela o perdoa sempre, como Cristo perdoou a seus algozes.

Que coisa se passará na cabeça de Paulo Ferdinando quando o acontecimento que transformará a vida do casal estiver iminente? Uma noite, sem qualquer expectativa, ao voltar de uma saída noturna, ele repara o perfil de Rita diante da chaminé. A luz do átrio salienta como nunca os contornos de sua gravidez. Pela primeira vez, ele se aproxima dela com respeito. Confuso, ele se dá conta de seu cansaço, visível em seu rosto marcado pela máscara de mulher grávida. Emocionado, ele se aproxima dela, estende-lhe a mão, com ternura e hesitação, e acaricia-a delicadamente o ventre. Enfraquecida, Rita treme de alegria, sem que ele perceba, diante de um gesto tão inesperado. Ela vê nesse novo comportamento uma resposta a suas fervorosas orações, nas quais sempre esteve segura de que Deus responderia com fidelidade. O casal permanece, assim, por longo tempo nessa postura de amor. Em seus olhares transparecem sentimentos novos, que eles permutam longamente. Parece que esse incrédulo, tomado de arrependimento, finalmente toma consciência dos verdadeiros valores da vida, até então mais preciosos aos olhos de Rita que aos seus.

Diante das torpezas de seu passado e de sua irresponsabilidade de marido, ele percebe subitamente a importância do acontecimento que se prepara. Como se essa vida que se anuncia tocasse a marcha fúnebre de um pedaço de vida perdida, feita de vaidade, crueldade em relação à futura mamãe.

Nos dias de hoje, não é de admirar que tantas mulheres vítimas de violência supliquem o auxílio de Santa Rita, para iluminar seus maridos quanto à gravidade de suas atitudes. Como Paulo Ferdinando, esses indivíduos não têm nenhuma consciência das consequências de seus atos, seja por imaturidade, egoísmo ou dependência de álcool ou droga. Como se o casamento ou a vida comum não tivesse nenhuma influência sobre eles e não devesse modificar os hábitos ou a vida de hedonista ou depravada que levavam antes.

Dois meninos nascem exatamente no mesmo dia, num intervalo de apenas alguns minutos: Tiago Antônio e Paulo Maria. "Com a alma cheia de um espírito de fé, escreve Dom de Marchi, Rita recebeu dois filhos das mãos de Deus, como um tesouro precioso." Ela vê neles "mais a alma que o corpo" e devemos crer que ela os consagrou a Deus e rogou por eles assim que se deu conta de sua presença em seu seio.

Pela paciência e o amor de Rita, Paulo Ferdinando vence suas inclinações persistentes e paixões. Tocado pela graça, o homem de vida desregrada e violento, desequilibrado e colérico, dá lugar a um homem novo. É na cruz que vemos a coragem de Jesus, que recebe sobre si todas as pulsões homicidas dos homens e destrói a "pulsão mortífera da humanidade".

As orações de Rita pelo marido foram, portanto, atendidas, mas antes foi necessário sofrimento e aceitação da provação. Quantas mulheres hoje atravessam as mesmas tribulações? Quantas mulheres já perderam a esperança de ver seus maridos mudarem de comportamento? Quantas mulheres, enfim, rezando com confiança a Santa Rita, veem uma evolução positiva em sua situação matrimonial?

No percurso de Santa Rita, Deus felizmente permitiu a conversão de Paulo Ferdinando antes do nascimento dos dois meninos, sem o que poderíamos imaginar o tratamento que lhes seria dado. Em nossos dias, sinal dos tempos, pela ausência de valores morais e espirituais em muitos pais, instituições tiveram de ser criadas para acolher as crianças vítimas de abusos e maus-tratos. Para esses pobrezinhos, separados de seus pais, não poderia haver pior modo de começar a vida.

Quinto dia

A CALMARIA ANTES
DA TEMPESTADE

Rita também era muito caridosa com os pobres e tinha a aprovação do marido para isso (AA.SS. 230).

Paulo Ferdinando teve uma mudança radical e rompeu com as amarras de seu passado. Como ele, todos nós temos passados mais ou menos pesados. Infância difícil, violência psicológica, mecanismo de fuga, educação deficiente... Todo indivíduo, de qualquer condição, pode um dia decidir levantar a cabeça e dar a volta por cima.

Paulo deu um basta definitivo a suas pesadas faltas. Ele agora quer transmitir algo diferente, de melhor, a seus filhos. Ele se sente culpado pelas agressões que infringiu a sua amável esposa. Parece que ele está "curado" e passou a encarar sua nova vida com o mais profundo arrependimento de suas faltas passadas.

Nessa tomada de consciência do pecado, ele treme e se desespera: "Estou perdido. Não pode haver salvação para mim, que tanto ofendi ao Senhor para que ele jamais me perdoe. Está feito: estou condenado, sem recurso possível". Em seus remorsos incessantes das trevas e luzes da vida passada, ele confia seus tormentos a Rita.

Ela o tranquiliza e o lembra que, apesar de nossas faltas, no caminho da liberdade interior Cristo está sempre pronto a nos receber. Ela o assegura de que, se um bom pai tem carinho pelos filhos que o amam, quanto mais Deus o tem por aqueles que voltam a ele. Nossa alma foi comprada com o preço de todo o seu sangue; ele sempre conserva para ela um lugar em seu coração.

Depois de um casamento que começou atribulado, Rita saboreia as alegrias do amor materno. Sua "santa paciência" conseguiu mudar o caráter de seu marido. Rita agradece ao Senhor todas as graças que ele lhe dá em sua vida. A camponesa de Roccaporena fez voto de pobreza, pois está escrito: "Bem-aventurados os pobres!". Ela reza muito, pois Jesus disse que precisamos orar sem cessar.

Sem descuidar da educação de seus filhos, ela dedica parte de seu tempo a visitar os pobres e os enfermos, reconhecendo em cada um deles a presença de Deus crucificado. Paulo resolve um dia acompanhá-la, tocado pelas palavras de Cristo repetidas por Rita: "Vinde, benditos de meu Pai, recebei em herança o reino que vos está preparado desde a criação do mundo. Pois eu estive com fome e me destes de comer, estive com sede e me destes de beber, (...) estive nu e me vestistes, fiquei doente e me visitastes, estive na prisão e me fostes ver" (Mt 25,34-36).

O Senhor nos pede que nos comportemos em relação a nossos irmãos como se tratasse dele mesmo. "Toda vez que fizestes isso a um desses mais pequenos dentre meus irmãos foi a mim que o fizestes!" (Mt 25,40), diz o Senhor.

Como cristãos, somos chamados a manifestar o amor de Deus em nossos corações e a socorrer os pobres e excluídos em todas as circunstâncias. Foi o que lembrou o papa Bento XVI, quando se encontrou com os jovens no porto de Valeta, Malta, em 18 de abril de 2010:

Temos de socorrer o pobre, o fraco e o marginalizado; temos de ter um cuidado especial por aqueles que estão em dificuldade, que padecem a depressão ou a ansiedade; temos de cuidar do portador de deficiência e fazer tudo aquilo que podemos para promover a sua dignidade e qualidade de vida; deveríamos prestar atenção às necessidades dos imigrantes e daqueles que procuram asilo nas nossas terras; deveríamos estender a mão com amizade aos crentes e não crentes. [...] Esta é a nobre vocação de amor e de serviço que todos nós recebemos. Permiti que isto vos leve a dedicar as vossas vidas ao seguimento de Cristo. Não tenhais medo de ser amigos íntimos de Cristo!

Bento XVI propõe aos jovens – bem como aos doentes e recém-casados – o exemplo de caridade de um Vicente de Paulo ou de uma Rita de Cássia. Ele nos convida a contemplar e a servir Jesus Cristo na pessoa dos pobres.

Rita fez da caridade um compromisso cotidiano. Em sua oração, ela levou a humanidade até Deus. Os bolandistas descrevem sua vocação da seguinte maneira: "Ela jejuava na véspera de todas as festas da Santíssima Virgem, alimentando-se apenas de pão e água, observando igualmente, com o maior cuidado, os outros dias de jejum estabelecidos pela Igreja. Ela também era muito caridosa com os pobres, ao que seu marido não se opunha".

No início, Rita e Paulo acolheram seus dois filhos com inquietação, pois a responsabilidade seria multiplicada por dois. Para criar coragem, Rita lembrou-se dos dois gêmeos da Bíblia, Esaú e Jacó, cuja história é contada no livro do Gênesis. Está escrito (Gn 25,24-26): "Chegando o tempo de ela [Rebeca – em hebraico:רִבְקָה *Rivqah*] dar à luz, estavam dois gêmeos em seu ventre. Saiu o primeiro: era ruivo e peludo como um manto de pelos; foi chamado Esaú. Saiu depois seu irmão, segurando com a mão o calcanhar de Esaú, e foi chamado Jacó".

Obedientes e atenciosos aos pais, Tiago Antônio e Paulo Maria são descritos, no início de suas vidas, como meninos "cheios de vida" e "dinâmicos". Mas, ao crescerem, um abismo se formou entre os dois irmãos, no que diz respeito ao comportamento.

Enquanto Tiago Antônio é de natureza violenta, como seu pai; Paulo Maria, ao contrário, é de um temperamento mais tranquilo e pacífico. Tinha maior inclinação, como sua mãe, à meditação, tendência que poderia tê-lo formado, mais tarde, às coisas espirituais. Entretanto, influenciado por seu irmão, que o arrastou para rixas e conflitos de todos os gêneros, Paulo Maria não tardou a também se tornar violento. Os dois irmãos herdaram a violência paterna.

Rita não os censura. Ela é toda mansidão com os filhos, como Deus é cheio de longanimidade em relação a suas criaturas. Ela sabe, melhor que qualquer outra mãe, que a compreensão e a comunicação continuam sendo as melhores lições. Para afastá-los da violência, Rita cultiva neles os sentimentos de caridade. Ao visitar os sofredores, ela não deixa de levá-los consigo. Ela é um modelo para eles e a educação que lhes dá os conduz por um caminho capaz de torná-los mais equilibrados e pacíficos.

Em nossos dias, tantas mães se veem confrontadas a um clima de violência entre os adolescentes, até mesmo pré-adolescentes, e o exemplo de Santa Rita não pode senão inspirá-las e mostrar-lhes o caminho a seguir, para tentar inculcar nesses jovens revoltosos as virtudes cristãs e conduzi-los a Deus.

Em nossa época, na escola, na rua, na televisão, a violência impera. Embora tenha sempre existido, o que mais preocupa hoje é a identidade dos agressores: indivíduos cada vez mais jovens, adolescentes, inclusive crianças. A delinquência e a criminalidade causam estragos em nossas sociedades, de modo muito preocupante. O exemplo extraordinário de Santa Rita, que se inscreve no contexto atual, traz a cada mãe uma visão e uma ajuda preciosa sobre a conduta a ser assumida diante de todas essas dificuldades.

Sexto dia

O ASSASSINATO
DE SEU MARIDO

Ouvi dizer que assassinaram o marido da bem-aventurada
Rita, antes que ela se tornasse religiosa; é o que diziam
os antigos e, particularmente, meu bisavô, que se chamava Cesare e faleceu com noventa anos, e é de tradição e
notoriedade pública em nossa região (D.R.A., II, p. 37).

Na noite da tragédia, Rita e os filhos esperam
Paulo para o jantar. Este último havia saído de
casa bem cedo, para comparecer ao palácio comu-
nal de Cássia, onde havia sido chamado por conta
de um problema que agitava Spoleto há vários dias.
Ele tomou o caminho que acompanha o Corno, antes de atravessar o bosque que leva à cidade. À noite, no caminho de volta, Paulo vive, sem o saber, os
últimos instantes de sua vida terrena.

O tempo está para tempestade. O Corno saiu de seu
leito. As horas passam e sua pequena família começa
a se preocupar. Paulo teria de voltar a Cássia antes do

anoitecer. Em tempo firme, a cidade fica a uma hora de caminhada. A presença da lua torna seu atraso mais preocupante. Só as rajadas de vento vêm quebrar o profundo silêncio, acentuando uma atmosfera de medo.

Não o vendo voltar de Cássia, Rita se esforça para não deixar transparecer sua inquietação, mostrando inclusive, para distrair os filhos, certa fascinação pelo barulho do vento. Em certos momentos, o vento é tão forte que ela pensa que a janela se abriu. Ela se aproxima da janela com uma vela acesa na mão. O desejo de abri-la e de gritar "Paulo! Paulo!" toma conta dela. Mas quem a ouvirá? A tempestade rebentou, a tormenta brame, o cenário se torna apocalíptico.

Ela passa suas longas horas de espera em oração, noite adentro, sem jamais desanimar. Finalmente chega o momento fatal. O vizinho Giovanni, que também voltava de Cássia, encontrou Paulo morto, com o rosto ensanguentado, estirado sobre uma poça de sangue. Nenhum vestígio, nenhuma arma, nenhum sinal de luta. É a pista do crime que logo de cara se põe em evidência. Encontramos as razões de seu assassinato nos arquivos do cura de Roccaporena, que reportou os acontecimentos marcantes de sua paróquia:

Voltando certa noite de Cássia, para onde tinha ido a negócios, Paulo, passando pelo pequeno caminho que ladeava o rio, foi atacado por seus inimigos. Não portando nenhuma arma, depois de sua conversão, ele não pôde defender-se e foi assassinado brutalmente. Não muito longe de Roccaporena, nos vinhedos de Collegiacone, perto do moinho dos Senhores de Poggiodomo, ainda se pode ver o local onde ele foi assassinado.

As razões do crime permanecem obscuras. Inimigos atuais ou antigos inimigos? Vingança entre agricultores e criadores? Rivalidade entre Guelfos e Gibelinos? Uma coisa é certa: os autores do crime jamais serão encontrados. Numa breve biografia (que reproduz, na condição de resumo, a *Vida de Santa Rita* de Cavallucci) que as coirmãs de Santa Rita enviaram a Roma, por ocasião da beatificação, em 1628, está escrito:

Todavia, esse infeliz não soube tirar grande proveito da mansidão e paciência de Rita para aprender a abandonar, no trato com as pessoas, sua insolência e seu orgulho. Por isso ele terminou seus dias miseravelmente, de morte violenta.

Rita recebe um golpe de dor ao ver o cadáver de seu marido desfigurado. No entanto, ela não fica surpresa com seu assassinato, que tantas vezes pressentira! Paulo Ferdinando havia feito tanta inimizade em sua vida depravada e sem horizonte que não poderia acabar de outro modo.

Rita, que aceitou tudo dele – as violências físicas e verbais, as humilhações, a ingratidão e a ausência –, chegou a esconder a camisa ensanguentada de seu marido, "a fim de evitar que seus filhos, caso a descobrissem, quisessem vingar o pai, ao compreender como ele morreu". Alguns escritos da época atestam que Paulo teria pronunciado palavras de perdão a seus agressores, antes de morrer. Duas palavras que resumem sua vida de convertido: "Deus e Rita"!

Na noite mesma de sua morte, Rita ora pelos assassinos de seu marido. Ela jamais cessará, até o fim de sua vida, de rogar a Cristo na cruz que os perdoe.

"Foi de improviso, escreve Agostino Trapè, que nossa santa se encontrou nessa dolorosa situação, que a obrigou a escolher entre um comportamento heroico e uma vida de piedade, e uma vida de naufrágio nos abismos da morte".

Se há crimes que o criminoso não pode expiar, resta sempre o recurso de perdoá-los. Contudo, isso não impede que, nos casos mais graves, como o de Rita, "o perdão, como escreve ainda A. Trapè, seja verdadeiramente difícil de conceder, senão humanamente impossível". O perdão constitui uma graça da parte de Deus, pois, enquanto seres humanos, não somos capazes de dar nosso perdão, e, no caso de Rita, a fé que ela mostra em todos os instantes de sua vida faz dela uma personagem extraordinária, capaz de amar e perdoar.

Em nossos dias, quantos criminosos e assassinos, que cometeram os atos mais atrozes, apodrecem nas prisões, em condições sub-humanas, sem qualquer esperança, mesmo quando saírem, de recuperar uma vida normal, tamanho o peso de seu passado. Eles nem mesmo podem ser comparados a nossos animais domésticos, que têm uma alma e amam, e respeitam seus donos. Se observarmos que alguns, que parecem desprovidos de consciência, parecem não sentir remorso e sobrevivem a tal situação, existe alguma esperança para esses infelizes?

Sim, pois os visitadores das prisões dedicam parte de seu tempo a conversar com os prisioneiros, e alguns deles tentam lançar-lhes uma luz, nessas trevas, ao lhes falar da fé nesse Deus que os criou e que lhes garantiu a salvação pelo sacrifício de seu Filho único sobre a cruz do Calvário. Com efeito, conforme está escrito: "Sem derramamento de sangue, não existe perdão", o sangue precioso de Cristo nos lavou de nossos pecados e nos reconciliou com Deus.

No caso do homicida do marido de Rita, que jamais foi descoberto, como terá vivido sua fuga de perdição na maior ilegalidade possível? Terá tomado consciência do preço da vida e do infortúnio no qual mergulhou uma família? Como conviveu com tão pesado segredo a ocultar? Terá ele medido a desproporção de seu ato, em comparação à ofensa que Paulo Ferdinando talvez lhe tenha feito?

Em nossos dias, as páginas policiais reportam casos ainda mais chocantes: mata-se por um pacote de cigarros, por dez reais roubados do caixa de um estabelecimento comercial, por um olhar atravessado, recebido aqui ou acolá. Mata-se ou agride-se às vistas da autoridade, nos colégios ou faculdades, na maior parte das vezes sem qualquer sinal de remorso. Portanto, não há nenhuma outra verdadeira solução para o criminoso a não ser que receba a graça e o auxílio de Deus.

Sétimo dia

A MORTE DOS FILHOS

A tradição reza que Santa Rita pediu a Deus a morte de seus filhos, para não vê-los sucumbir ao ressentimento ou, pior ainda, inclinados ao gesto insensato de vingança; e ela foi atendida (P.A.T., II, p. 127).

Como se reconstituir após a morte de um marido que representa a mais dolorosa e devastadora experiência? E, ainda mais no caso de Rita, cujo marido foi assassinado.

Voltemo-nos para aquelas infelizes que, muito mais frágeis que Santa Rita, e bem menos armadas espiritualmente, têm enormes dificuldades de vencer semelhante prova. Quantas mulheres, com efeito, encontram-se hoje viúvas, seja de um marido inocente e irrepreensível, seja de um marido perverso ou criminoso, que pagou o preço por uma vida sem fé e sem lei. Em todo caso, a viúva constitui uma vítima inocente, que não tem outras possibilidades a não ser assumir o próprio destino, sobretudo quando tem filhos para sustentar.

Como qualquer outra mulher, é muito duro para Rita suportar essa separação nestas circunstâncias tão dramáticas e traumatizantes. Após o choque violento provocado pelo anúncio do drama, Rita, embora dolorosamente desestabilizada, não teve outra escolha senão dar prosseguimento a sua vida, com força e determinação, pensando em seus filhos e em seu apostolado junto aos pobres. No povoado, compartilha-se e respeita-se sua dor, e admira-se também sua coragem. A vizinhança mantém-se discreta e não se aproxima dela para tentar consolá-la. Todos sabem que sua força lhe permite enfrentar a adversidade com a única e exclusiva ajuda de Deus.

Pensemos que Rita tinha perdido seus pais não havia muito tempo, e que ela conseguiu modelar o coração desse homem forte que acabava de perder. Paulo aos poucos substituiu o apoio paterno e a tranquilizava. Junto dele e dos filhos, ela viveu com paciência e obediência a vida que Deus lhe havia preparado.

Agora que essa presença lhe foi tirada, Rita deve tomar sozinha as decisões que dizem respeito à vida prática de todos os dias. Ela assume todas as tarefas do lar e a educação dos filhos, sem jamais esquecer a importância que tem sua ação junto aos pobres, sustentada por uma mortificação constante e orações fervorosas. Enquanto seus filhos continuam ali, começa também para ela o aprendizado da solidão no âmbito humano, relativo a sua vida de filha e esposa.

Rita esforça-se para educar seus dois filhos no amor – como também na liberdade e responsabilidade. Ela jamais duvida de que, após a terrível prova que representa a morte tão repentina de um pai, amadurecerá neles o amor pessoal por Cristo. Mas, apesar de todos os esforços de Rita, contam a eles que o pai foi vítima de um terrível homicídio. A ameaça é tão grande que Rita está certa de que os assassinos de seu marido também buscarão riscar do mapa da região o nome dos Mancini e dar cabo de seus filhos, que acabam de completar quinze anos.

Longe de ficar aterrorizada por esse perigo, Rita, muito pelo contrário, volta-se para Deus, a quem confia o destino dos bens mais preciosos que lhe restam. Os caminhos de Deus são impenetráveis. A fé inabalável de Rita no Senhor impedirá, como se verá, que seus filhos caiam em mãos de assassinos. E, melhor ainda, Deus não permitirá que seu insaciado desejo de vingança seja posto em execução.

O desejo de vingança é uma reação naturalmente humana, ainda mais quando se trata do pavoroso assassinato de um ente querido. E tal é o caso dos dois órfãos de Roccaporena. Como se pode imaginar, a maturidade espiritual dos meninos não é tão desenvolvida quanto à da mãe. Esta última tinha esperado em seu coração que os filhos reagissem de outro modo, quando descobrissem que o pai foi violentamente assassinado. Ela havia pedido ao Senhor que nenhuma raiz de amargura conseguisse alterar seu comportamento e fazer nascer a vingança.

Hoje, quantos filhos pelo mundo afora são obrigados a viver esse drama e acabam reagindo da mesma maneira? Quantas viúvas também são traumatizadas e abaladas por semelhantes acontecimentos? O exemplo da vida de Santa Rita é um socorro para esses filhos e para essas mães que, no caminho muitas vezes incompreensível da adversidade, buscam uma resposta para o drama vivido.

Jó, igualmente, busca o Senhor para lhe pedir explicações acerca dos acontecimentos dolorosos que lhe foram impostos (Jó 1,1): "Havia na terra de Hus um homem chamado Jó: homem íntegro e reto, que temia a Deus e evitava o mal". A diferença, em relação aos filhos de Rita, cujas almas estavam em rebelião, é que Jó era um homem íntegro diante de Deus, sem pecado, que amava seu "Redentor" mais que tudo.

Em seu imenso amor e ternura infinita, o Senhor não permitiu que os gêmeos Mancini se perdessem em atos criminosos ou que também fossem assassinados. Ele os colocou em segurança, conduzindo-os a si em tempo oportuno. Pouco importa a causa exata de seu falecimento, pois Deus regulou tudo de acordo com seus desígnios eternos. Na breve biografia que as coirmãs de Santa Rita enviaram a Roma em 1628, podemos ler:

> Em sua bondade, o Senhor aceitou o holocausto que Rita lhe fez do fruto de seu ventre e logo chamou a si os filhos dela, libertando assim sua serva da inquietação que a afligia; mas, ao fazê-lo, ele a destacava perfeitamente do amor das criaturas e lhe permitia dar-se completamente ao amor de seu Criador.

Um ano após a morte do marido, amparada mais do que nunca pelos vizinhos e amigos do vilarejo,

Rita conduz seus filhos à sepultura, e doravante sua vida pertencerá completamente ao Senhor. Passando por essa nova provação no sofrimento, Rita, assim como Jó, ouviu a voz do Espírito Santo, que se revelou a ela mais profundamente. E foi assim que, no fim de suas tribulações, ela pôde dizer como Jó: "Eu vos conhecia só por ouvir dizer, mas agora meus olhos vos veem" (Jó 42,5).

Essa revelação divina permite dar sentido ao sofrimento de uma mãe que perde os filhos. Costuma-se dizer que, para uma mãe, a pior coisa que pode acontecer é a morte de um filho. O exemplo extraordinário que Santa Rita dá a essas mães pode somente aliviar seu desespero e lhes dar um conforto poderoso, ainda que cada história seja única e nenhuma delas opte por entrar no convento. A aceitação da vontade de Deus deveria possibilitar-lhes, depois de passado o luto, continuar a viver com coragem, força e determinação no caminho para o céu.

Oitavo dia

UMA VIÚVA À PORTA
DO CONVENTO

Ouço o chamado do Senhor, que me convida a me submeter a sua divina vontade. Por isso venho a vossa presença, para que me autorizeis a entrar no convento (Rita, dirigindo-se à abadessa de Cássia).

Em decorrência das epidemias e das guerras, as mulheres da época com frequência ficavam viúvas muito jovens e as condições difíceis de sua existência, muitas vezes, levavam-nas a se casar novamente. A pequena diferença, no caso de Rita, é que sua viuvez não resultou de uma guerra ou de uma epidemia, mas de um terrível assassinato, ocasionando igualmente a perda de seus dois filhos, que voltaram para Deus. Pode-se supor que, entre todas essas mulheres marcadas pelo luto, poucas delas tenham levado uma vida cristã tão exemplar quanto a de Rita.

Com efeito, nossa amiga, cuja família foi dizimada, restando-lhe apenas uma prima,[8] não reage como a maior parte das mulheres que acabamos de evocar, mas, ao contrário, permanece fiel a sua fé e segue a inclinação natural de seu coração tão puro, afeito à adoração e ao testemunho. Outros, lamentavelmente, reagem muito mal na adversidade, seja acusando o Senhor por seus sofrimentos, seja frequentando as cerimônias religiosas com o único interesse de serem abençoados por Deus. Duas atitudes bem humanas e encontradas com frequência no comum dos mortais. Entretanto, Rita não perdeu o mérito. Ela ama ao Senhor independentemente dos grandes sofrimentos pelos quais passou. Uma única coisa conta para ela: realizar o grande sonho que sempre acalentou seu coração, o de entrar no convento.

Um sonho que jamais se extinguiu, não obstante sua existência tenha conhecido caminhos diversos. Agora, eis que ela volta ao ponto de partida! O aprendizado do sofrimento e as provações acumuladas lhe ensinaram a se desprender da vida,

---

[8] Veremos que essa prima visitará Rita no mosteiro e lhe trará rosas e figos colhidos em meio à neve do rigoroso inverno italiano, pouco antes da morte da santa. (N.T.)

a imitar Cristo, despojando-se de si mesma, para assemelhar-se melhor a ele. "Como serva fiel de Deus, escreve Agostino Trapè, ela reconheceu na morte de seus filhos os efeitos da clemência divina a seu respeito". Ela decidiu-se por responder ao Senhor nosso Deus da melhor forma possível, oferecendo-se para servi-lo.

Como lembra a breve biografia de 1628 que as irmãs agostinianas enviaram a Roma, Rita deseja "retirar-se do dilúvio do mundo" e "alçar voo na arca, a fim de aí encontrar repouso". Ela então se dirige a Cássia e pede, com humildade, fervor e abandono, para receber o hábito das monjas do mosteiro de Santa Maria Madalena, segundo a Regra do glorioso Pai Santo Agostinho.

Irmã Mariola Iacobi, a abadessa do convento, surpresa com a vinda de Rita, recebe-a uma primeira vez.

"E então! Qual é sua vontade?", ela lhe pergunta, durante seu primeiro contato.

Por essa pergunta, sabendo de seu passado de esposa e viúva, ela lhe pede que justifique seu desejo de ser integrada à comunidade do convento. Deve-se dizer que a abadessa se viu confrontada a dados contraditórios. É evidente que, nessa época, a transmissão e a comunicação das informações eram pouco seguras e amiúde deturpadas. Somados a isso, o rumor, a difamação e a inveja sempre despertam desconfianças. E, finalmente, é um fato que o passado de Rita torna seu desejo um pouco suspeito. Assim, a superiora lhe pede que o justifique.

Nas provações difíceis que acaba de atravessar, o Senhor deu a Rita a força de nunca desanimar e de não ser impedida no caminho da salvação por nenhum obstáculo. Ainda que pareça que ela não tem nada a se reprovar, não nos esqueçamos de que, se "todos pecaram e estão privados da glória de Deus", como lembra a Palavra de Cristo, "o sangue precioso vertido na cruz do Calvário nos lavou de todo pecado e nos reconciliou com Deus".

Rita sente despontar a desconfiança, a reserva e a prudência durante sua conversa com a abadessa. É preciso dizer que seu destino não favorece esse primeiro contato com as religiosas, acostumadas a uma vida de oração na calma e serenidade. No passado, elas a encontraram inúmeras vezes na missa, primeiro com seus pais, depois sozinha, quando, já casada, seu marido estava em rebelião contra Deus, e por fim acompanhada dele, após sua conversão.

Logo que se tornou viúva, Rita continuou a comparecer aos ofícios religiosos, discreta e fielmente, mantendo-se a distância. Seu drama, levado por um disse me disse ao conhecimento das irmãs, não lhes passou despercebido. Elas ficaram sabendo dele, por transmissão oral da parte de aldeões de Roccaporena, que, mais ou menos bem informados acerca das circunstâncias, frequentavam o mosteiro aos domingos para participar da missa. Esses camponeses não hesitavam em levar certos produtos de suas propriedades às monjas, como ovos, aves, legumes, frutos, em troca de orações e de conforto espiritual. Certamente alguns deles solicitaram uma intervenção espiritual a respeito de Rita.

A paciência é uma força da alma que Santa Rita sempre manifestou nas provações e dramas de sua vida. Ela, que sempre pressentiu o plano de salvação que Deus lhe tinha preparado, responde à madre abadessa com mansidão e confiança:

> Desde minha infância, roguei incessantemente para que Deus me mantivesse bem perto de seu coração. Ele quis que eu me casasse com Paulo Ferdinando, para me ocupar de sua conversão. Por ele sofri enormemente. Desde que ele partiu para a luz de sua verdade, ouço as interpelações do Senhor, que me convida a me submeter a sua divina vontade. Por isso venho até vós, para que me autorizeis a entrar no convento.

Nas semanas seguintes, a recusa das monjas é inflexível. Elas se reuniram em capítulo diversas vezes para definir sua sorte, mas, todas as vezes, Rita foi rejeitada unanimemente, pois o costume do mosteiro era receber "apenas as virgens", de modo que as monjas não podiam decidir-se a dar o hábito a uma mulher viúva.

Parece anormal que nenhum exame particular do caso de Rita, conhecida na região por sua exemplaridade, diante do homicídio de seu marido e da morte prematura de seus filhos, não tenha suscitado em nenhuma delas o desejo de assumir a defesa de sua causa tão legítima.

Como imaginar que nenhuma religiosa tenha tido a intenção de fazer-se sua advogada, dando prova de verdadeiro sentimento fraterno, como se poderia esperar de uma pessoa que supostamente deu sua vida a Deus? Como não ficar chocado com a insensibilidade demonstrada por essas freiras em relação àquela que, por sua vida, já dera um exemplo marcante de amor, paciência e compaixão?

Depois desse período de recusa e das interrogações dele decorrentes, as portas acabarão se abrindo, como vamos ver. Deus inclinará o coração da reverenda madre em relação a Rita, bem como os das irmãs, particularmente maravilhadas pelas condições nas quais ela finalmente acabará sendo introduzida no meio delas.

Nono dia

A ENTRADA MILAGROSA
NO MOSTEIRO

"Rita, Rita!" A noite já era avançada, ela se aproximou da janela, para ver quem a chamava e o que queria, mas não viu ninguém. Crendo ter-se enganado, ela mais uma vez se pôs em oração, mas, pouco depois, o mesmo chamado se repetiu: "Rita! Rita!" Quem era? Um homem de aspecto venerável, acompanhado de outros dois. Caso se tratasse de criaturas mortais, a piedosa mulher estaria apavorada, ou então suporia tratar-se de viajantes à procura de pouso e janta; mas, por uma luz divinal, Rita não demorou a reconhecê-los; eram seus santos protetores, tantas vezes invocados: São João Batista, Santo Agostinho e São Nicolau de Tolentino, que a convidaram a segui-los (LDM, VII, p. 62).

Rita não persegue senão um único objetivo: ajudar na realização do plano de salvação de Deus. Ela sonha com apenas uma coisa: sua separação definitiva do mundo, atrás das grades do mosteiro, por intermédio de Cristo, seu Salvador. Ela sabe desde criança, quando tomou consciência de sua plenitude, que Deus é totalmente soberano nessa escolha e nada poderá contrariar sua vontade. O sofrimento e infortúnios não a pouparam, mas ela está certa de ser capaz de suportar dores ainda maiores para chegar aí.

A espera não é nada. Ela encontra seu refúgio em Deus. Nessa plenitude, a experiência da espera não tem nenhuma incidência sobre ela. Quantas pessoas sem fé se desesperam em vão, enquanto os que têm fé confiam em Deus, esperam dele as respostas favoráveis e as bênçãos. Quanto a Rita, não é o que ela busca. O importante para ela é encontrar o próprio Deus.

Ela é uma força para todos, fiéis e infiéis, farol, modelo, ao qual se espera que eles desejem imitar e seguir seu exemplo. Detenhamo-nos um momento nessa transição em sua vida. Lembremo-nos dos fatos proeminentes de sua existência, bem como da energia de sua ação, que lhe permitiram conservar ao mesmo tempo sua fé indefectível, seu equilíbrio e sua generosidade em relação a seus semelhantes.

É verdade que ela não cessou de se esquecer de si mesma, a despeito dos violentos traumas que sofreu, para chegar até as pessoas, testemunhar-lhes o amor e levar-lhes um alívio em suas misérias. Lembremo-nos também de suas subidas noturnas ao rochedo de sua juventude, dessa busca apaixonada pelo Senhor para tentar encontrar junto dele conforto e respostas a suas questões.

Rita deve ter feito tantas perguntas a seu Senhor! E isso nos remete, mais uma vez, à experiência de Jó, que também procurou a Deus, de tal maneira que, não o encontrando, jamais perdeu a esperança. Jó, exemplo de fé, pessoalmente questionou a Deus, até finalmente receber respostas a suas perguntas e encontrar seu Redentor.

Na vida de Rita, há uma verdadeira continuidade na expressão de sua fé e em suas ações, pois, estando ela na vida secular ou integrada numa vida monacal, seu coração permanece o mesmo.

Rita finalmente alcançará o cumprimento de suas aspirações e demonstrará toda a profundidade de sua espiritualidade. Deus ensina claramente que, se o buscarmos de todo o coração (Dt 4,29), seremos salvos e o encontraremos. "Pedi, e vos será dado; buscai, e achareis; batei, e vos será aberto" (Mt 7,7). Apesar da recusa das monjas, Rita ora sem esmorecer.

Certa noite, aproveitando uma longa noite de abandono e humilhação diante de Deus, ela ouve uma voz que vem de fora: "Rita! Rita!". Essa é uma cena estranha na vida de Rita! Um desconhecido pronuncia seu nome numa noite estrelada. Não se trata de uma voz familiar, mas, ao contrário, de uma voz do além. Em certos momentos, parece inclusive que várias vozes se fazem ouvir ao mesmo tempo: "Rita! Rita!". As vozes se juntam, para chamar em uníssono: "Rita!".

Essa voz, oriunda das profundezas da noite, convida-a a retomar, junto ao mosteiro, todas as negociações paradas. O som, pouco real, é tranquilizador e tocante. Seria o efeito do cansaço ou de qualquer outra realidade a interpelá-la?

Ela ergue a cabeça, pressiona o ouvido com o dedo indicador, como se a voz viesse de dentro. Aproxima-se da janela, em seguida abre a porta e tenta observar se, do lado de fora, não há uma sombra, um rosto. A voz ou as vozes parecem vir do caminho da fonte. Escrutando a noite, ela crê discernir três silhuetas. Certamente peregrinos ou viajantes, a quem se deve ter indicado sua casa, encontrando-se em busca de pouso e um prato de comida.

Rita faz um movimento de recuo; depois, recuando uma última vez, volta a se encontrar diante de um homem que logo reconhece. Qual? Esse homem é João Batista, o Precursor, que está bem na frente dela. Seus olhos brilham de uma luz que não se pode descrever. Ele lhe diz:

> Deus refletiu muito sobre a tua sorte. Venho esclarecer o que ele espera de ti. Entrarás no convento para viver como filha de Deus e irmã dos oprimidos e desfavorecidos. Tomarás partido em favor dos pobres, que já muito socorreste.

Quando ele acabou de falar, Rita percebe que não estava sozinho. A seu lado estavam Santo Agostinho e São Nicolau de Tolentino.

Então Rita, levada pelos anjos, caminha, sob o brilho das estrelas, até seu rochedo, o Scoglio. Chegando a esse lugar e ficando sozinha um instante, pode-se ler na famosa biografia datando de 1628, ela pôde reconhecer, na altitude desse lugar, a sublimidade da perfeição religiosa à qual Deus a chamava e, no precipício, o horror da queda [...]. Ela foi confortada por São João Batista, acompanhado por Santo Agostinho e São Nicolau de Tolentino, que se mantiveram perto dela à beira do precipício.

Após um momento, esses três santos carregaram juntos a santa viúva e, sem que ela pudesse entender como, deixaram-na no mosteiro em que tanto desejava viver. Rita ainda não sabe verdadeiramente onde está; parece que sua alma está envolvida num doce sonho.

As irmãs de Cássia ficam espantadas ao vê-la, pela manhã, no claustro, "sem saber como ela pôde entrar, durante a noite, estando as portas fechadas". Rita conta-lhes o que se passou consigo. As irmãs se entreolham, admiradas, sem dizer qualquer palavra. Após ouvir seu relato, pronunciado com voz serena e inocente, "elas se reuniram em capítulo e, graças a uma inspiração divina, foram unânimes em aceitá-la como monja".

Como explicar que, depois de ter negado obstinadamente receber Rita, as religiosas de repente tenham mudado de perspectiva, a ponto de aceitá-la sem discutir? Aí estão exatamente os mistérios dos caminhos de Deus, que são verdadeiramente impenetráveis e ultrapassam nossa inteligência.

A mão de Deus as confronta com o milagre, perante o qual não podem senão se maravilhar e se curvar.

Décimo dia

O MILAGRE DA VIDEIRA

A videira prodigiosa de Rita subsiste, robusta, no jardim do mosteiro, dando a cada ano uvas muito doces. A videira maravilhosa nunca foi renovada, é o mesmo ramo seco que brotou milagrosamente após ter sido regado por Santa Rita durante um ano, por obediência. Suas folhas secas são reduzidas a cinzas, para serem distribuídas aos enfermos. Assim, Deus se compraz em glorificar aquela que a Ele se assemelhou na dor, na paciência e na caridade, comunicando às próprias folhas da videira milagrosa uma virtude sobrenatural (a superiora do mosteiro de Santa Rita, em correspondência datada de 21 de novembro de 1932).

R ita, que, desde menina, ouvia em seu interior a voz de Deus, é finalmente recompensada. A graça do Senhor permitiu-lhe entrar no convento, para cumprir sua verdadeira missão espiritual, o objetivo mais elevado de sua vida.

Ela havia inscrito o conjunto de seus atos nessa direção, ao preço de dolorosas provas que aceitou no caminho que conduz a Deus. Desde os nove anos de idade, foi marcada pelo chamado do Senhor e a graça da vocação à vida religiosa. Ela pediu a seus pais que a deixassem entrar no convento de Cássia, mas seu pai se recusou a ouvi-la.

Seu coração se comprimia a cada prova que se sucedia, e Rita sempre pedia ao Senhor que não a deixasse só. Quando a abadessa a recebeu pela primeira vez e rejeitou seu pedido, Rita compreendeu que precisava continuar a rezar. Deus lhe ensinou crescer no conhecimento de si mesma. Ele sempre a orientou no discernimento de sua vocação religiosa e nunca lhe permitiu esperar desconfiar de sua misericórdia.

Para Rita, o fato de não ter sido admitida na primeira vez tinha uma razão que só Deus conhecia. É o Espírito que a conduzia. A voz de seu Senhor a guiava e a acompanhava sempre: "Cada manhã me desperta, desperta meu ouvido para que eu escute como discípulo" (Is 50,4).

A partir de seu exemplo, quantos leitores deste livro verão delinear-se um novo caminho em suas vidas, assim como uma nova esperança. Seja no luto, na ruptura afetiva, na traição, na engrenagem da dependência de vícios de todos os tipos, na busca por trabalho, no profundo desejo de uma vocação religiosa, Deus sempre nos ensina a paciência, o amor e a misericórdia, o abandono à Divina Providência.

Sem o auxílio de Deus, a vida não tem sentido e nos é impossível, na maior parte do tempo, diante das provações, reerguer. Se Rita escolheu o mosteiro como realização de seu destino, cada um que está em seu lugar pode ser uma testemunha viva para a causa de Cristo, que é amar, respeitar, levar em consideração o outro em sua tribulação, socorrê-lo em todas as situações, partilhar e favorecer o encontro com o Senhor.

Se Rita é introduzida no claustro, no ano de 1413, é porque está desde sempre no coração de Cristo. Quando de sua admissão, o mosteiro possuía uma dezena de religiosas. Não mais que isso. Rita recebeu o sagrado hábito das Filhas de Santo Agostinho aos trinta e dois anos. As agostinianas seguem a regra de vida daquele que foi bispo de Hipona, no Norte da África, de 395 a 430.

Num sermão pronunciado cinco anos antes de sua morte, o bispo Agostinho exclama: "Vede como vivemos!". Ele enumera os valores fundamentais da vida religiosa que propõe em sua regra:

caridade fraterna, convivência, concórdia, partilha dos bens, das habilidades e talentos, aceitação das diferenças e enfermidades, e insiste em um ponto: "à medida que tiverdes mais cuidado com as coisas da comunidade do que com as coisas pessoais, tereis maiores progressos".

Portanto, Rita entra no convento com a promessa de viver "a pão e água". A cela que ela ocupa lhe permite perceber outro rochedo: o monte "Maravilha", cume de toda perfeição. O noviciado é um tempo de experiências novas para toda noviça. E Rita não foge a essa regra. A madre abadessa a põe à prova como qualquer noviça, para testá-la. Ela sabe muito bem que Rita possui todas as virtudes de humildade, obediência e paciência de que deu provas no passado.

Assim, quando ela lhe pede que carregue um regador e a siga para derramar água sobre "um caulezinho de madeira seca", ela o fará sem questionar. Colocar-se a primeira questão já seria o início da desobediência e insubmissão.

João evangelista nos lembra: "Se alguém não permanece em mim, será lançado fora como o ramo, e ele seca. Os ramos secos são recolhidos e lançados ao fogo para se queimarem. Se permanecerdes em mim, e minhas palavras permanecerem em vós, pedi o que quiserdes, e vos será feito. Nisto é glorificado meu Pai: que deis muito fruto e vos torneis meus discípulos" (Jo 15,6-8).

A ordem que a superiora lhe dá parece bem estranha: "Você regará esta planta, irmã Rita, regularmente, ela lhe diz, duas vezes por dia: pela manhã, após o ofício, e à noite, antes das vésperas. De modo algum deixe de fazê-lo. Estarei atenta a isso! Você só precisa começar a regá-la uma primeira vez neste momento".

Rita obedece e continuará com perseverança a regar a planta morta todos os dias. Os dias e os meses passam e nada acontece, mas ela não desanima. Ela experimenta a prova por obediência, em todas as circunstâncias: faça chuva ou faça sol.

E é então que, ao final de um ano, o milagre se realiza: a cepa morta se reanima e se enfeita de brotos novos graças a uma intervenção sobrenatural.

Jo Lemoine relata da seguinte maneira o milagre, em toda a sua autenticidade, com a admiração que ele suscita: "Exclamações de surpresa a fazem elevar os olhos: diante de Rita, o galho seco, ainda estéril pela manhã, aparece ornado de ramos verdejantes... Nos galhos inflados de seiva, folhas de videira começam a brotar... A cepa inútil recuperou a vida e se tornou uma videira que dará muito fruto na estação".

Esse milagre se torna tanto mais magnífico quando se inscreve na Palavra de Cristo: "Eu sou a videira e vós os ramos. Quem permanece em mim e eu nele, esse dá muitos frutos, porque sem mim nada podeis fazer" (Jo 15,5).

Desde a primeira colheita, a videira produziu belíssimas uvas bem suculentas, que fazem a alegria das monjas, mas também, bem mais tarde, do Santo Padre e dos cardeais, a quem tais frutos benditos passaram a ser oferecidos regularmente, após a morte de Santa Rita. Esse milagre se perpetua ainda em nossos dias, e essa colheita extraordinária ilustra a graça superabundante de Deus, manifestada em nossas vidas.

Décimo primeiro dia

O ESTIGMA DO ESPINHO

Por um milagre singular, um espinho da coroa de Cristo a feriu na fronte, de tal maneira que, até sua morte, a chaga permaneceu nela impressa, de um modo indelével, como ainda se pode ver em seu santo cadáver (D.R.A., II, 41, testemunho das irmãs).

Desde os primeiros meses de sua vida monacal, a maturidade e a perfeição de Rita deram provas à comunidade do mosteiro que poderiam sugerir uma experiência religiosa de longa data.

Cada uma das irmãs tomou consciência de sua presença inesperada graças a ações sobrenaturais que as confundiram. Elas nutrem então profundo respeito por ela, num misto de ternura, temor e, por vezes, até mesmo inveja. Decerto, algumas delas, sem dúvida, tornaram-se religiosas por conta das circunstâncias da vida ou forçadas pela família, ao passo que, no caso de Rita, trata-se de uma vocação predestinada que derrubou todos os obstáculos, para que ela alcançasse a realização de suas expectativas. Que pesada responsabilidade e que graça para a superiora ter entre suas religiosas uma enviada do Senhor! Foi Deus, pessoalmente, quem a colocou ali, para ser sua serva e para favorecer o percurso daqueles que estão em busca de Deus.

Para dar uma ideia mais exata da extensão de sua renúncia ao mundo exterior, é preciso lembrar que, agora que finalmente está em seu lugar, Rita – cujo sonho sempre foi esse! – tem, doravante, toda a possibilidade de exercitar sua fé viva em relação a Deus e aos homens. Uma pessoa como ela, que vive nas mãos de Deus, manifesta uma graça particular que cada uma de suas companheiras pode perceber.

Algumas religiosas, que também buscam a perfeição, procuram imitá-la. A caridade a leva, de modo incessante, a receber com mansidão e amor as pessoas que vão encontrá-la no parlatório.[9] Camponeses de Roccaporena, mães de família de Cássia e das redondezas, jovens sem perspectiva, andarilhos

---

[9] Também chamado de *locutório*: recinto separado por grades, onde é permitido às pessoas, recolhidas em conventos ou mantidas em prisões, conversar com as de fora que as visitam. Fonte: *Dicionário Houaiss da língua portuguesa*. (N.T.)

desamparados, viúvas sem família, mulheres agredidas, divorciadas ou que perderam um filho, doentes e oprimidos, suplicam-lhe que ouça suas misérias.

Aqui nos aproximamos da verdadeira espiritualidade de Rita, que recebeu muito cedo o dom do amor, da paciência e da compaixão. Desde pequena, na escola de seus pais, ela aprendeu a generosidade, a partilha, a escuta e a caridade. No primeiro olhar perdido de um mendigo desamparado que encontrou na rua, em sua infância, em Roccaporena, ela sentiu toda a tristeza, a fome, a privação e o desespero. É um aprendizado terrível da vida aquele que nos conduz a encontrar a extrema pobreza e o sofrimento daqueles que estão na pior.

O bem-aventurado Tiago de La Marca,[10] da Ordem dos Frades Menores, vem pregar na paróquia, para o ofício da Paixão de Nosso Senhor, na Sexta-feira San-

---

[10] São Tiago de La Marca, em italiano San Giacomo della Marca, nasceu por volta de 1391, em Monteprandone, no litoral do Adriático. Na infância, teve como preceptor o tio padre, que logo o mandou a uma escola em Ascoli Piceno. Estudou na Universidade de Perúgia, onde obteve o doutorado em Direito Civil e Canônico. Depois de um período em Florença como preceptor numa família aristocrata e como juiz, foi recebido na Ordem dos Frades Menores, em 26 de julho de 1416. Estudou Teologia em Fiesole, perto de Florença, com São João de Capistrano, tendo como superior São Bernardino de Siena. Começou uma vida austera de jejum e penitência, ao que São Bernardino lhe pediu moderação. Foi ordenado padre em 13 de junho de 1420 e logo começou a pregar na

ta do ano de 1442. Como muitos pregadores de sua ordem, ele tem uma devoção particular pela Paixão de Jesus. Num santo como Francisco de Assis, por exemplo, essa devoção foi tão viva que ele mereceu receber em seu próprio corpo, em 17 de setembro de 1224, no mosteiro de La Verna, os estigmas de Nosso Senhor.

As irmãs de Cássia, autorizadas a deixar os muros do mosteiro, estão na primeira fileira. Rita, no meio delas, contempla o rosto liso e profundo do franciscano. Seu coração é transpassado de amor pelo Senhor.

> Desse amor, indica-nos a breve biografia de 1628, ela foi amplamente recompensada: enquanto pregava, Tiago de La Marca deixou-se arrebatar em seu fervor a falar com tanta emoção das dores atrozes sofridas pelo Salvador, que os ouvintes tiveram o coração abrasado.

Toscana, nas Marcas e na Úmbria. Suas pregações eram acompanhadas por milagres e conversões. Trabalhou para divulgar a devoção ao Santíssimo Nome de Jesus. A partir de 1427, pregou e combateu hereges nas regiões da atual Alemanha, Áustria, Dinamarca, Polônia, Hungria e República Tcheca. Foi apontado como inquisidor contra os Fratelli, uma dissidência franciscana de observância estrita da pobreza. Também esteve na atual Bósnia, onde também combateu heresias. Entre suas obras escritas, destacam-se: *Dialogus contra Fraticellos*; um tratado sobre os *Milagres do nome de Jesus*; *Itinerarium*; *Regula confitendi peccata*; o tratado *De Sanguine Christi effuse* e outros tratados e sermões não editados. Morreu em 28 de novembro de 1476 e foi canonizado em 1726, por Bento XIII. Seu corpo permanece incorrupto e hoje se encontra em Monteprandone, tendo permanecido até 2001 em Nápoles, na igreja de Santa Maria la Nova. (N.T.)

Ouvindo-o com atenção, Rita se sente profundamente tocada. Por sua própria escuta, paciente e afetuosa, daqueles que lhe vêm confiar seus pesares, ela dá em sacrifício sua própria vida, a fim de acompanhá-los, socorrê-los e ajudá-los a encontrar um alívio e solução para suas dificuldades.

Seu desejo de participar dos sofrimentos de Cristo, desejo humano, será atendido, como vamos ver.

Ao ouvir o sermão de Tiago de La Marca, Rita fica mais comovida que qualquer outra das irmãs: "Ela se sentiu, como mostra a breve biografia, tomada por um violento desejo de participar dos tormentos de Cristo, de um modo ou de outro".

Rita fica perturbada com a evocação da morte do Senhor. Desde seu retorno ao mosteiro, ela corre para se prostrar diante de Cristo, representado no centro de um afresco situado num oratório adjacente à capela. Um raio de luz inunda o recinto.

Ela chora, e suas lágrimas são lágrimas de amor. Dirigindo-se a Cristo, ela diz:

> Ó Jesus, obtende que eu participe dos sofrimentos de vossa agonia! Eu vos suplico: fazei que ao menos um desses espinhos que queimam vossa fronte transpasse também a minha! Não ignoreis meu desejo, fazei correr de minha fronte o sangue de vossa Paixão!

Cavallucci (1610) – cuja biografia, como se sabe, serviu de base para todas as outras – relata a cena, da seguinte maneira:

> Então ela se pôs a pedir com o mais extremo ardor que Cristo a fizesse sentir ao menos um desses espinhos, [...] com o qual sua fronte foi perfurada [...]. Ela obteve. Ela sentiu não apenas a ferida desejada, mas sua fronte foi afetada por uma chaga incurável, cuja marca a acompanharia até a morte. Estava ali um verdadeiro estigma, e não apenas uma cicatriz, mas uma chaga aberta e profunda, que a fazia sofrer terrivelmente. A ferida resistiu a todo tratamento; ela jamais se fechou durante os quinze anos que Rita ainda viveria, a não ser durante sua peregrinação a Roma.

Em sua epístola aos Gálatas, o apóstolo Paulo escreve: "Quanto a mim, carrego em meu corpo as marcas de Jesus".

Os casos de estigmas marcam a história religiosa, desde o primeiro que ocorreu na Idade Média, quando um pregador italiano os recebeu, em 1224. Lembremos também do Padre Pio, que permanentemente vestia luvas para ocultar as marcas que atravessavam de um lado a outro suas mãos, e de Marthe Robin, que, desde o dia em que recebeu os estigmas, passaria a reviver a Paixão de Cristo todas as sextas-feiras, até sua morte.

Essas experiências vividas nos limites do que parece impossível ao homem suportar nos ensinam que não existe "sofrimento, nem abandono humano ao encontro dos quais Cristo não tenha vindo ao se deixar crucificar".

Estas palavras de um poeta anônimo nos convidam a meditar esse episódio mais sublime da vida de Rita: "Preferida entre tantas mulheres, não foi dado a ti o privilégio de carregar tão pesada cruz? E não foi um dos espinhos de Cristo que recebeste como dom?" Hino de sofrimento, um sofrimento que Santa Rita aceitou gratuitamente e que pediu como selo de seu abandono e de seu amor infinito.

Rita recebeu o dom do espinho como uma graça celeste que ela levará durante os quinze últimos anos de sua vida terrena. Foi em honra desses anos que se instituiu a prática das Quinze Quintas-feiras, observada cada ano, ao longo das quinze semanas que antecedem o dia 22 de maio, dia da festa de Santa Rita.

Décimo segundo dia

O SENTIDO DO SOFRIMENTO
E DA SOLIDÃO

Essa graça tão grande e tão especial deu a Rita a oportunidade de exercitar-se em inúmeras virtudes, na mais perfeita tranquilidade e quietude; pois a chaga, além de provocar o mais terrível sofrimento, por vezes chegava a se putrefazer, exalando odores tão fétidos que, para não provocar náuseas em companheiras, ela vivia em perpétua solidão e não tinha mais nenhum interlocutor além de si mesma e de Deus. Permanecendo no recolhimento, e cheia de um espírito de mortificação generoso, ela ainda gozava dos favores celestes, motivo para confusão e humildade (P.A.T., I, p. 31).

Acabamos de deixar Rita abandonada a Deus após receber, como nova manifestação do sobrenatural durante um êxtase, o espinho da coroa de seu Senhor. A religiosa, que tanto esperou, está doravante unida à Paixão de Cristo por essa marca vermelha escura que desfigura sua fronte. O espinho a transpassou como uma flecha. Rita perdeu a consciência e seu corpo ficou enrijecido como o de um morto.

Lembremo-nos de que, no berço, ela já havia portado um primeiro sinal milagroso: abelhas que entravam em sua boca entreaberta e dela saíam, entre terra e céu, sem causar nenhum malefício. A abelha simboliza a imortalidade da alma, e o mel, a doçura.

Outro sinal místico recebido no mosteiro: o sangue e o espinho da coroa de Cristo, que Santa Rita pediu gratuitamente no dia do ofício da Paixão de Nosso Senhor, como novo selo de seu amor divino. Símbolo da personalidade e da vida religiosa de Rita, o espinho da coroa do Senhor e a dor dele decorrente a aproximam mais ainda do terrível martírio de seu Salvador. Amarelo e vermelho, sangue e ouro, cores dos catalães, que têm por Santa Rita uma devoção toda especial. Depois de perder a consciência, Rita volta com grande dificuldade para sua cela, onde um novo caminho de cruz a espera, o qual durará até sua morte.

O desejo de sofrer se acentua. Para sofrer ainda mais, até o último limite da dor física experimentada por seu Divino Mestre, Rita carrega um cilício, flagela-se várias vezes por dia, ao ponto de, certa manhã, as irmãs a encontrarem desacordada em sua cela.

Aí se pode ver bem o plano de Deus no novo estado em que ela se encontra. Presença de Cristo em sua chaga, da qual saem vermes que ela chama de "seus pequenos anjos". Essa chaga sangra noite e dia, e Rita é posta à parte da comunidade, por medo das irmãs de que tal ferida seja contagiosa. Mais nenhuma visita, mais nenhuma saída. As grades do mosteiro ficam fechadas por algum tempo, apesar da pressão da multidão, que não tem senão o desejo de beijar o estigma sagrado.

Portanto, parece que alguém de perto do mosteiro se fez mensageiro do martírio de Rita, para que a divulgação dessa notícia incitasse os crentes a vir verificar o milagre.

Seria a confidência de uma das monjas junto a um conhecido no parlatório, ou de um padre que viera celebrar a missa, ou da reverenda madre, animada pela secreta esperança de ver a revelação dessa verdade tocar o maior número possível de corações?

No segredo de sua cela, o recolhimento e a mortificação nutrem diariamente sua vida interior. Reclusa, ela busca, noite e dia, aquele que seu coração adora. Quando consegue abrandar o espírito de sacrifício que a anima, ela se estende sobre o chão, com os joelhos ensanguentados, depois de ter rezado perto da velha tábua que lhe serve de cama. Nesse regime quase espartano, nenhuma possibilidade de usufruir de um pouco de calor e leveza. Nada disso. Nesse sofrimento que é enorme, pode-se imaginar, apesar de tudo, que um pouco de alívio não seria um luxo.

Como Rita chegou até aí? E por quê? Está distante o tempo de sua infância, em que ela corria, inocente como hoje, pelos campos, à vista de seus pais, como também até seu rochedo, o rochedo de todas as suas esperanças e de sua salvação. Está longe o tempo em que ela implorava a seu Senhor para livrá-la de um casamento que ela não queria. Ficou para trás o tempo em que tinha de padecer os ultrajes de seu marido. Para trás ficou o tempo da derradeira separação de seus filhos. Mas, depois de tantas "estações", de tribulações, frustrações e adversidades, eis que finalmente ela chegou a sua suprema aspiração que era de tentar identificar--se com o sofrimento de Cristo. Nesse estágio do caminho de cruz que ela se impôs, as provações passadas parecem bem pouco, para ela, se comparadas à situação presente.

Que olhar devemos ter diante do comportamento exagerado de suas irmãs, que, por medo de serem contaminadas, não a socorrem e testemunham tão pouca compaixão para com ela? Nenhuma prova de contágio foi verificada, o simples medo e um receio as paralisam. Aqui se vê bem o ser humano, que se esquece das manifestações milagrosas operadas por intermédio de Rita, como se vira anteriormente. Onde está o amor de suas irmãs, que em vez de a tomarem nos braços com ternura, como faz o Senhor com suas criaturas, marginalizam-na e põem-na de lado, como se ela fosse uma pestilenta? Lembremo-nos de Cristo quando curou os leprosos: "Vendo-os, ele disse: *'Ide apresentar-vos aos sacerdotes'*. Enquanto iam, ficaram curados" (Lc 17,14).

Rita se encontra em condições de vida tão extremas e dolorosas que o comportamento das religiosas não parece atingi-la. Muito pelo contrário, sua tendência natural a conduz a orar por elas e a perdoá-las. Do lado oposto, imaginemos a presença de Rita num leprosário, como foi o caso do padre Damião[11] ou de madre

---

[11] Padre Damião De Veuster ou São Damião de Molokai (1840-1889), missionário belga que, no Havaí, se dedicou aos doentes atingidos pela hanseníase, enfermidade da qual morreu. Foi beatificado em 1995 e canonizado em 2009. (N.T.)

Teresa de Calcutá. Seu comportamento de devotamento, abnegação e esquecimento de si a teria, ao contrário, preservado de uma atitude tão chocante.

Esse episódio doloroso nos ajuda a compreender, mais ainda, a psicologia e a espiritualidade fora do comum de nossa heroína. Nenhuma barreira, nenhum obstáculo em seu coração é capaz de frear seu ardente desejo de correr em socorro de todas as misérias humanas. Essa personalidade excepcional, posteriormente, atrairá um culto particular em sua memória nos casos de experiência de doença.

Rita nos ensina o dom do sofrimento, mas também o da solidão como uma graça. Quantas pessoas atualmente ignoram o auxílio divino e se queixam permanentemente de sofrer a solidão? Com Deus, jamais se está só! A solidão e o silêncio são, ao contrário, como bem compreendeu Rita, remédios para a vaidade de nossa vida. Enfim, Rita nos ensina a cuidar das pessoas idosas, isoladas e doentes, que não escolheram tal condição, mas para as quais esse testemunho de consideração e de amor é precioso e salutar. O ensinamento que ela nos transmite deve incitar-nos a não mais viver no amor próprio, no egoísmo e dureza de coração, mas, ao contrário, a ir ao encontro de nossos semelhantes, como Deus nos ensinou.

Décimo terceiro dia

A PEREGRINAÇÃO A ROMA

Coloquemos nossa confiança em Deus. Sejamos as primeiras na humildade, na coragem e na fidelidade. Que esta peregrinação eleve nossas almas. Que seu significado seja conhecido, compreendido, saboreado por cada uma de nós! O momento que vamos viver é único. Não nos deixemos perturbar por futilidades (Rita, nomeada chefe de grupo, dirigindo-se a suas irmãs de peregrinação, C.A., p. 72).

Nesse tempo de holocausto, a reclusa vive atormentada, mas extremamente feliz em sua cela. Ao mesmo tempo em que cada vez mais a dor a tortura e a crucifica, ela se agarra, dia após dia, à extensão luminosa e infinita das possibilidades ligadas ao sacrifício da cruz. À medida que seu sofrimento aumenta, parece que o peso da cruz diminui! Paradoxo fora do comum essa experiência que nos parece simplesmente inimaginável. E, portanto, é exatamente disso que se trata! Em certos momentos, a dor causada pela presença do espinho da coroa de Cristo se torna tão intensa e intolerável que Rita tem a sensação de que sua cabeça vai explodir. Entretanto, ela permanece consciente de seu estado e aceita seu destino como um dom extraordinário de Deus.

A isso vem juntar-se o odor ligado a sua condição. Um odor forte e incomum exala dela. Por essa razão, Rita não tem mais a possibilidade de tomar as refeições com as irmãs, que a repudiam como a peste. Elas tomam a decisão irrevogável de proibir-lhe todo contato com o mundo exterior. Alguns dos pobres que a chamam no parlatório acham que ela está morta. Abandonada por todas em sua cela, como Deus o foi na cruz, fraca e mortificada, Rita se conserva serena e demonstra que está na paz de Deus, "que ultrapassa toda inteligência". Todos nós sabemos que o supremo sacrifício foi suportado por Cristo na cruz! Nenhum outro sacrifício pode substituir aquele! Todavia, nós também recebemos a graça de sofrer e, por vezes, de modo indescritível, como foi o caso de Rita. Sua fé não foi abalada por uma provação tão insustentável, mas se pode constatar, ao contrário, que ela é carregada e auxiliada pelo Senhor nesse combate espiritual.

Enquanto Rita sofre sozinha em sua cela, vivendo reclusa há nove anos, um acontecimento inesperado traz uma alegria imensa ao convento, no ano de 1449: o anúncio da proclamação, no ano seguinte, do Ano Santo. O papa Nicolau V concede a indulgência do Jubileu a quem for a Roma venerar as relíquias da Paixão do Senhor.

Tudo leva a supor que o estado de saúde de Rita não lhe permitirá viajar. E, no entanto, como veremos logo mais, um novo restabelecimento de saúde intervirá para modificar a decisão radical da superiora. É preciso ter por certo que Deus acompanha Rita em todos os caminhos da vida e que sua vontade está sempre a seu favor para a realização de seus planos eternos.

As religiosas de Cássia preparam-se para participar do Ano Santo! Cavallucci relata:

> A abadessa de Cássia e boa parte da comunidade planejaram visitar os lugares santos de Roma para obter o precioso tesouro das indulgências. Quando Rita soube disso, pediu que não fosse deixada em Cássia, nem privada de tão grande dádiva. Mas suas companheiras, considerando a repulsa que poderia haver ao serem vistas na companhia de uma mulher chagada e nauseabunda, com muita caridade exortaram-na a ficar.

Entretanto, em vez de ficar consternada por conta de tal impedimento, Rita torna-se mais fervorosa em devoção.

> Com uma grande fé, continua Cavallucci, ela pediu ao farmacêutico um pouco de unguento simples e aplicou-o sobre a fronte: logo o odor insuportável desapareceu e sua chaga se fechou de maneira a não mostrar deformação [...]. E, para que não se compreenda que o remédio aplicado sobre a ferida não tinha naturalmente o poder de curá-la, logo que a santa viúva retornou de Roma, a ferida voltou ao estado inicial.

A informação do Jubileu do Ano Santo propaga-se nas igrejas, conventos, priorados e mosteiros, e entre toda a população italiana. Cada ano jubilar produz um sentimento de esperança. Trata-se de um tempo de graças excepcionais para toda a comunidade religiosa. Uma peregrinação não é uma viagem comum!

Vejamos mais de perto como a superiora das agostinianas compreende as coisas. Portanto, ela decide espontaneamente enviar uma delegação de religiosas a Roma. Com toda a certeza se poderia imaginar que Rita, tendo em vista seu estado de saúde, estará impossibilitada de unir-se às peregrinas. No entanto, ao anúncio da notícia, seu coração tremeu de alegria, tamanha era sua confiança na ação divina. O plano de Deus se realizará apesar de todos os obstáculos, e ela estará na viagem!

Assim, quando a superiora a recebe, após seu pedido e sabendo da recusa que ela lhe apresentará, em razão de seu estado e dos rigores da viagem, ela a interpela, num movimento de compaixão: "Sou obrigada a pedir-lhe que retorne a sua cela, por causa de sua chaga, de seu odor e do risco de contágio". Ela ignora que Rita, contagiosa a seus olhos, um dia se tornará a "Santa das causas impossíveis"! Esta última, aproximando-se dela e mostrando-lhe a fronte, exclama com um sorriso angelical, voz amável e praticamente inaudível: "Veja, veja, madre: estou curada!". É então que a superiora, analisando seu rosto, constata admirada que a chaga desapareceu, revelando uma fronte lisa, desprovida de qualquer ferida, e se vê forçada a reconhecer aí a mão de Deus.

Podemos imaginar as condições difíceis dessa caminhada rumo à cidade dos apóstolos Pedro e Paulo. Rita é restabelecida em sua autoridade espiritual e toma a frente do grupo. As irmãs põem sua confiança em Deus e aceitam a hospitalidade de algumas pessoas piedosas e caridosas que, ao longo da marcha, oferecem-lhes pouso e comida. A expedição dura vários dias.

Depois de atravessar uma porção de bosques, subir montanhas e colinas, atravessando um emaranhado de cidades medievais de ruelas escarpadas, umas mais atraentes que as outras, elas finalmente chegam a Roma, pela via Flaminia. De uma igreja e de um lugar de devoção a outros, elas conseguem alcançar a basílica que guarda o túmulo do chefe dos apóstolos.

Quem poderia imaginar que Rita, fraca, doente e frágil no meio da multidão de peregrinos, seria, 450 anos depois, elevada ao número dos santos por Leão XIII? E como não há acaso, coube a esse papa convocar o vigésimo segundo jubileu para o início do século XX da era cristã. Pôr-se a caminho da casa do Pai, eis o significado profundo de toda peregrinação! Nesse caminho de humanidade, Rita, que representa, por sua própria vida, o exemplo mais admirável da causa desesperada, convida-nos a segui-la no mesmo caminho, sejam quais forem nossas dificuldades.

Décimo quarto dia

A ROSA E OS FIGOS

Pelo fato de você ter sido tão amável por me trazer esta rosa, gostaria agora que você me trouxesse os dois figos frescos que estão na figueira do meu jardim (D.R.A. II, 48, Santa Rita, no inverno, dirigindo-se a sua prima Catalina, que veio visitá-la no mosteiro).

Recebendo, com a emoção que se imagina, a bênção do Santo Padre no ano da graça de 1450, Rita estava a mil quilômetros de imaginar que seria, alguns séculos depois, a primeira mulher a ser proclamada santa durante o Jubileu de 1900. A emoção atinge seu auge quando ela fica sabendo por acaso, durante sua peregrinação, que o fiel servo de Cristo, Nicolau de Tolentino, aquele mesmo que a ajudou a entrar no mosteiro, foi canonizado nesses mesmos lugares santos, pelo papa Eugênio IV, em 1446. A simples evocação do nome de "seu amigo", designado como o santo padroeiro dos oprimidos, das crianças e das mães, emociona-a.

Como ela poderia esquecer a doçura desse mensageiro, que, acompanhado de São João Batista e de Santo Agostinho, apareceu-lhe em Roccaporena, na noite em que tudo começou para ela?

Pobre Rita! Deus, em sua bondade infinita, para favorecer sua viagem, ocultara sua ferida aos olhos da reverenda madre e das religiosas. Mas os sintomas permaneceram inalterados, mais presentes que nunca! Nesse pacto de amor que a uniu a Deus, pela dor que, em momento algum, foi interrompida, Rita, cada vez mais crucificada, avança rumo à realização de sua santidade. As outras peregrinas nada souberam de seu segredo.

De volta ao mosteiro, o estado de saúde de Rita piorou seriamente. A chaga, que reapareceu, como por um milagre, terrivelmente a faz sofrer. Rita continua a praticar seus exercícios espirituais e suas penitências, arrastando lamentavelmente seu corpo esgotado e mortificado como uma cruz sobre o chão úmido de sua cela. Em momento algum, aniquilada pelo sofrimento e pela doença, ela se preocupa consigo mesma.

Sua amizade com Deus permanece intacta, como no primeiro dia, e se pode perceber furtivamente, num raio de luz, esta chama de amor que brilha em seus olhos fitos no Crucificado. Abatida pela dor, esgotada de cansaço e prostrada aos pés de seu Salvador, Rita treme e chora de alegria. Cristo lhe revela, por esse insuportável sofrimento, o dom de sua Paixão.

Deixando-se crucificar, dia após dia, ela se aproxima do Crucificado, imagina o que puderam ser os sofrimentos de Cristo na cruz, chora e se lamenta por ser incapaz de imitá-lo totalmente. Sua doce consolação nesse leito de dor é a faculdade, dada por Deus, de conversar com os anjos. Que mérito tem Rita para sofrer tão pouco diante dos sofrimentos infinitos do Filho de Deus? Que mérito temos nós para sofrer tão pouco diante dos sofrimentos de Rita?

A hora de Deus se aproxima. Rita está num estado tal que seu estômago não tolera quase nenhum alimento. Parece que ela se deixa morrer. Deus não tardará a chamá-la a Si. Só a comunhão eucarística a sustém.

Ao receber a visita de uma parenta de Roccaporena, Catalina, numa manhã do rigoroso inverno de 1457, seu rosto se ilumina de alegria. Ao lhe perguntar o que a agradaria em sua próxima visita, Rita lhe responde: *"Gostaria que você colhesse para mim uma rosa no jardim de meus pais"*.

Uma rosa do inverno!

"Pobre Rita, pensa, deve ter definitivamente perdido o juízo!"

Cavallucci relata a cena como se segue:

> Aprouve então a Nosso Senhor dar sinais evidentes do amor que tinha por sua esposa bem-amada. No momento mais forte do inverno, quando tudo estava coberto de neve, uma parenta de Rita veio visitá-la. No momento de partir, ela lhe pergunta se quer algo de sua casa. Rita lhe responde que desejaria uma rosa e dois figos de seu jardim.

Voltando a Roccaporena, Catalina já nem se lembra mais do pedido da prima. Toda a paisagem de Roccaporena está coberta de neve. Ao passar apressadamente na frente do antigo jardim de Rita, que tomara a forma de um cobertor branco, ela fica impressionada, num movimento com a cabeça, ao perceber, numa das roseiras que rasgam a paisagem, uma rosa vermelha, cuja cor lembra estranhamente a do sangue de Cristo. Para Deus, nada é impossível!

Assim, quando Catalina leva a rosa a Rita, na manhã seguinte, a santa lhe pede um último favor: "Pelo fato de você ter sido tão amável por me trazer esta rosa, gostaria agora que você me trouxesse os dois figos frescos que estão na figueira de meu jardim". Precisamos contar que, quando a parenta de Rita volta ao jardim, os dois figos maduros estavam lá como a esperá-la?

Cavallucci descreve a cena do milagre: "Ela foi a seu jardim e descobriu uma rosa esplêndida, que havia brotado sobre espinhos desprovidos de quaisquer folhas e cobertos de neve, assim como dois figos bem maduros na figueira; cheia de estupor, pois a estação era contrária e fazia muito frio, ela se apressou em colher a flor e os frutos milagrosos para levá-los a Rita".

Um perfume de rosa se disseminou no momento final da vida terrena de Rita, perfume misturado à doçura suave de um figo no inverno!

É tempo de Rita deixar este mundo. No momento de sua páscoa, Cristo e Maria lhe aparecem e convidam-na a segui-los no caminho do céu...

Quando da aparição do Redentor e de sua Santíssima Mãe, que a chamam ao Paraíso, Rita pede os últimos sacramentos e se prepara para deixar este mundo.

"Seu frágil corpo mortificado pelos jejuns e penitências, deitado sobre sua pobre tábua de dormir, escreve Cavallucci, completamente absorvida na contemplação das coisas celestes, adormeceu tranquilamente no Senhor, enquanto, de repente, os sinos da igreja começaram a tocar sozinhos".

Rita morreu em 22 de maio de 1457, com mais ou menos 70 anos.

Santa Rita foi canonizada por Leão XIII, durante o grande jubileu do início do século XX, em 24 de maio de 1900, em razão de sua humildade perfeita, de seu total desapego interior das paixões humanas e do incrível espírito de penitência que marcaram cada instante de sua vida.

De seu povoado natal de Roccaporena ao convento de Cássia, sua vida foi marcada pelas provações e pela desgraça. Ela poderia ter-se revoltado, impulsionada pela incompreensão, mas escolheu, ao contrário, amar o Crucificado, sem se questionar. E ela o amou, com uma força de elevação espiritual excepcional e de amor celeste. Pelo dom do espinho sobre a fronte chagada, Cristo a tornou sua. Ela convida o povo cristão, atacado por tormentas, a seguir seu exemplo e jamais perder a esperança em suas vidas.

Ó Rita! Volta teus olhos para nós que deixaste órfãos! Olha nossos pobres corações cobertos de espinhos. Ensina-nos a amar à luz de tua mensagem e de tua verdade!

Décimo quinto dia

A DEVOÇÃO A SANTA RITA

No mundo, a devoção a Santa Rita é simbolizada pela rosa. É para esperar que também a vida de todos os seus devotos seja como a rosa recolhida no jardim de Roccaporena, no inverno que precedeu a morte da Santa. Isto é, seja uma vida sustentada pelo amor apaixonado pelo Senhor Jesus: uma existência capaz de responder ao sofrimento e aos espinhos com o perdão e o dom total de si, para difundir em toda a parte o bom perfume de Cristo (cf. 2Cor 2,15), mediante o anúncio coerente e vivido do Evangelho. (MJPII).

João Paulo II se dirigiu assim às peregrinações jubilares dos devotos de Santa Rita, em 20 de maio de 2000, em Roma: "No meio de nós está hoje uma peregrina ilustre que, do céu, se une a nossa oração. É Santa Rita de Cássia, cujos restos mortais, transportados para Roma pela Polícia Italiana, acompanham a multidão dos devotos que a invocam com afetuosa familiaridade e, com confiança, manifestam-lhe os problemas e as angústias que pesam sobre seu coração".

O leitor terá compreendido, através dos episódios de sua vida terrena – que acabamos de reviver com ela –, que nessa invocação (do papa), nós estamos no coração da espiritualidade e da missão de Santa Rita, que é levar a mensagem da cruz de Cristo. A santa de Cássia, cuja existência foi completamente marcada pela dor, olha com ternura para todos aqueles que a invocam e alivia seus sofrimentos. E o Santo Padre continua:

> Os restos mortais de Santa Rita, que neste dia aqui veneramos, constituem um testemunho significativo da obra que o Senhor realiza na história, quando encontra corações humildes e disponíveis a seu amor. [...] Em seu exemplo de total abandono a Deus, em sua transparente simplicidade e em sua inquebrantável adesão ao Evangelho é possível, também a nós, encontrar as indicações oportunas para sermos cristãos autênticos neste alvorecer do terceiro milênio.

Santa Rita, que conheceu os trabalhos do campo, as preocupações do lar num ambiente hostil, o sofrimento extremo em sua cela, é uma referência para todos aqueles que, hoje, sentem o peso do cansaço, moral e físico, e são inclinados a se render. Com efeito, frequentemente à pergunta "Como vai?" ouvimos a resposta "Estou cansado!". A lembrança de Santa Rita nos ajuda a suportar os pequenos cansaços do dia a dia. Que são eles diante das provas suportadas pela santa?

O próprio Cristo, plenamente homem, conheceu as "fraquezas do corpo", numa época em que as pessoas o procuravam permanentemente, sem que nenhuma queixa saísse de seus lábios. Esse cansaço físico, associado à caminhada, às intempéries e ao jejum, até a cruz o acompanhou. Que são nossos males ao lado de exemplos como esse?

Diante das pessoas fracas e fatigadas, desanimadas pela vida, o dever de todo cristão é socorrer, a exemplo de Santa Rita, dar conforto e reacender a chama da esperança.

Reina nos dias de hoje em Cássia uma serenidade especial. Os peregrinos, que vão beber na fonte, chegam pela estrada que une Spoleto a Núrsia, são tocados pela beleza da paisagem e o perfume de rosas que embalsama as redondezas da basílica. Ali, naquele nicho rodeado de montanhas, tudo é banhado pela presença de Deus. No interior da basílica, rica de luz, o olhar é atraído pelos quadros que representam os santos que marcaram a vida de Santa Rita. Não se vai a Cássia por acaso. E quando, ao fim de uma longa viagem, nos encontramos nesse lugar santo e nos ajoelhamos ao pé da grade dourada da capela onde repousa, intacto, o corpo da santa, nosso coração nos leva a fazer-lhe a promessa de suportar todas as provas, de permanecer-lhe fiéis e mudar os direcionamentos ruins de nossas vidas.

A partir de 1930, o culto a Santa Rita se firmará em Nice, no coração de um santuário mariano. A cidade mediterrânea francesa se tornou, depois de Cássia e Roccaporena, o principal lugar de devoção à "santa das causas impossíveis" na Europa. A igreja de Santa Rita é confiada aos Oblatos da Virgem Maria.

O padre Louis Normandin, antigo reitor do santuário de Santa Rita e atual superior-geral da Congregação dos Oblatos da Virgem Maria, durante anos cuidou desse lugar com uma fidelidade e uma exigência diária admiráveis. Apesar de seu novo encargo, ele continua, ao lado do padre Patrice Véraquin, antigo superior-geral da Congregação e atual reitor do santuário niceano, a trabalhar, eficazmente, a favor do culto de Santa Rita, que ele estima particularmente, sobretudo pela difusão da excelente *Revue Sainte-Rita*, que ele dirige. Trata-se de uma revista de formação cristã, de espiritualidade e testemunhos.

Nela encontramos todos os meses artigos profundos sobre a vida e a espiritualidade de Santa Rita, ensinamentos da Igreja sobre temas atuais.

Em Paris, Rita é venerada em várias igrejas, principalmente na capela Santa Rita, que fica praticamente "escondida" no Boulevard de Clichy, em frente do Moulin-Rouge. A pequena capela, completamente renovada, fica no térreo de um prédio discreto, a meio-caminho entre a igreja da Sainte-Trinité [Santíssima Trindade], à qual pertence, e a basílica do Sacré-Coeur [Sagrado Coração] de Montmartre. A missa com a bênção das rosas e a procissão, que segue, repetem-se todos os anos, no dia 22 de maio, um imenso evento de piedade popular. Também se pode rezar a Santa Rita nas principais igrejas da capital francesa: Saint-Germain-des-Prés, Saint-Roch, na cripta da Madeleine...

Em Fontenay-aux-Roses, em Vendeville, em Marselha, em Toulouse ou em Lille, em Bouge-Namur (Bélgica), em Barcelona e em toda a Espanha, na Catalunha, em Perpignan e Llo, o culto a Santa Rita se espalhou pelo mundo todo. Está presente em Portugal, na Áustria, na África, Canadá, Brasil,[12]

---

[12] Na agradável cidade de Extrema, sul de Minas Gerais, a aproximadamente 100 km da cidade de São Paulo, pode-se visitar o belíssimo

Argentina, Chile, Líbano e Egito. Difícil não encontrar uma igreja ou lugar de oração, em todo o mundo, onde não se possa aproximar dessa grande "doutora" da paz, do perdão e da misericórdia.

Na pequena igreja paroquial de Llo, pequeno vilarejo da Cerdanha,[13] espremida na entrada de um vale profundo, entoa-se ainda hoje um "goig", um canto glorioso composto em 1872 em louvor a Santa Rita: "Por terdes tantos dons especiais e tanto poder, preservai-nos do mal, gloriosa Santa Rita". Deve-se acreditar que, do céu, Santa Rita, nossa amiga, renova a marca por ela deixada para sempre nesse atraente vilarejo.

A evocação de Santa Rita nos ajuda a encontrar a paz e nos levará sempre a fazer belas coisas. Sua presença e amizade mudam os corações, tornando-os melhores. Basta um único passo, para aqueles que ainda hesitam. Então vá, dê esse passo! Não tenha medo!

---

santuário de Santa Rita, com uma capela lateral onde se venera uma relíquia da santa. Em São Paulo, na Vila Mariana (Rua Dona Inácia Uchôa), há uma linda igreja de Santa Rita, que está sob os cuidados dos padres agostinianos. Digno de nota também é o santuário do Alto de Santa Rita, no estado do Rio Grande do Norte, onde foi inaugurada, em 2010, uma estátua da santa com 56 metros de altura (é considerada a maior estátua católica do mundo). Algumas igrejas e santuários a ela dedicados no Brasil são referidos no fim. (N.T.)

[13] Região situada nos Pireneus da França e Espanha. (N.T.)

PARA IR MAIS LONGE

Principais lugares de culto dedicados a Santa Rita

No Brasil

Santuário de Santa Rita de Cássia
Alto de Santa Rita, Bairro Paraíso, Santa Cruz (RN)
http://psrcsantacruz.blogspot.com

Santuário Santa Rita de Extrema
Praça Presidente Vargas, n. 9, Centro,
Extrema (MG)
Fone: (35) 3435-1066
http://www.santuariosantaritadeextrema.org/
a-paroquia

Santuário de Santa Rita
Praça Santa Rita, s/n, Centro, 37540-000,
Santa Rita do Sapucaí (MG)
Fone: (35) 3471-1134
http://www.santuariodesantarita.com.br

Paróquia Santa Rita de Cássia
Rua São Domingos do Prata, n. 270
Bairro São Pedro
Belo Horizonte (MG), 30330-110.
Fone: (31) 3221-9211
http://www.paroquiasantaritabh.com.br/

Paróquia do Santuário de Santa Rita de Cássia
R. Jacundá, n. 345, Guarujá
Porto Alegre (RS), 91770-430
Fone: (51) 3248-4010
http://santuariosantarita.net.br/historia_paroquia.aspx

Paróquia e Santuário Santa Rita de Cássia
Anel Viário Pref. Sincler Sambatti, n. 1065
Parque Itaipú, Maringá (PR), 87065-580
http://santuariosantaritamaringa.com.br/index.php

Santuário Santa Rita de Cássia
R. Padre Dehon, n. 728, Hauer
Curitiba (PR), 81630-090
Fone: (41) 3276-2075
http://www.santuariosantaritadecassia.com.br

Paróquia Santa Rita de Cássia
Região Episcopal Ipiranga
Arquidiocese de São Paulo
Praça Santa Rita de Cássia, n. 133, 04048-010
Mirandópolis, São Paulo (SP)
Fone: (11) 2275-6801
http://www.psantarita.com.br

Paróquia Santa Rita de Cássia
Rua Fritz Jank, n. 40
Parque Novo Mundo, São Paulo (SP)
Fones: (11) 2954-0652, (11) 2631-3732
http://www.paroquiasantarita-pnm.com.br/

Paróquia de Santa Rita
Rua Inácia Uchôa, n. 106
Vila Mariana, São Paulo (SP), 04110-020
Fone: (11) 5573-9205
http://www.osa.org.br/osa/paroquias/parstarita.
html

Matriz de Santa Rita
Largo de Santa Rita, s/n.
Centro, Rio de Janeiro (RJ)
Fones: (21) 2233-2731 e 2253-7564
http://www.matrizdesantarita.org.br/historia.html

Paróquia Santa Rita
Est Otaviano, n. 309
Turiaçu, Rio de Janeiro (RJ), 21540-010
Fone: (21) 3390- 0568
http://www.staritaturiacu.com.br/

Paróquia de Santa Rita de Cássia
Av. Mariana, n. 12
Campo Grande, Rio de Janeiro (RJ)
Fone: (21) 3403-6372
http://paroquiasantaritadecassia.com.br/

Na França

Igreja da Anunciação (Santa Rita)
1, rue de La Poissonerie
06359 – Nice Cedex 4
http://www.sainte-rita.net

Capela Santa Rita na Residência
Universitária Lanteri
7, rue Gentil-Bernard-92260
 Fontenay-aux-Roses
http://www.residence-universitaire-lanteri.com

Capela Santa Rita
65, boulevard de Clichy-75009 – Paris
http://www.latriniteparis.com

Igreja Santa Maria – Capela Santa Rita
33, rue de la Vatine-76131
Mont-Saint-Aignan
http://www.sainte-rita.org

Igreja Santa Rita (Les trois-Lucs)
366, avenue des Poilus-13012 – Marseille
http://marseille.catholique.fr/Sainte-Rita-Les-trois-
-Lucs

Capela Nossa Senhora da Esperança e Santa Rita
Residência dos Padres Maristas
22, rue Victor Clappier-83000 – Toulon

Mosteiro Siríaco Nossa Senhora de Misericórdia
Peregrinação mensal a Santa Rita (todo dia 22)
Brévilly-61300 – Chandai

Igreja Saint-Eubert – Capela Santa Rita
38, rue de Seclin-59175 – Vendeville
http://steritavendeville.free.fr

Na Bélgica

Santuário Santa Rita
Padres Agostinianos
37, rue du Grand Feu-5004 – Bouge-Namur
http://bougenamur.be/paroisses.html

Na Itália

Mosteiro de Santa Rita
06043 – Cascia (Peruggia)//
http://www.santaritadacascia.org

ÍNDICE

Um olhar sobre a vida de Santa Rita....................5

Introdução 11

Siglas...17

1. Abelhas no berço..20

2. O rochedo da oração 26

3. Um casamento forçado 33

4. Rita dá a vida 39

5. A calmaria antes da tempestade 46

6. O assassinato de seu marido 52

7. A morte dos filhos 58

8. Uma viúva à porta do convento 64

9. A entrada milagrosa no mosteiro...................70

10. O milagre da videira.....................................76

11. O estigma do espinho 82

12. O sentido do sofrimento e da solidão...........89

13. A peregrinação a Roma 95

14. A rosa e os figos 101

15. A devoção a Santa Rita 107

Para ir mais longe...113